W0358835

Impressum

ISBN 978-3-9814621-5-9

2. Auflage 2013
gedruckt auf Recyclingpapier (aus 100% Altpapier)

compassion media
a division of roots of compassion eG
Friedensstr. 7
48145 Münster
www.compassionmedia.org
info@compassionmedia.org

Satz / Layout: Marvin Diekmännken
Druck: Interpress, Budapest

Bildnachweise:
Alle Fotos/Illustrationen: der Autor

Inhalt

Vorwort

Hallo liebe Leser_innen!

Mein Name ist Ente und das hier ist mein Kochbuch. Ich lebe ungefähr seit Ende 2002 vegan und betreibe seit 2006 einen Kochblog, in dem ich Rezepte zu den veganen Gerichten veröffentliche, die ich in meinem Alltag koche und esse. Und nun gibt es diese leckeren Rezepte zusammen mit einigen neuen Kreationen in diesem Buch. Somit könnt ihr euch die Rezepte endlich auch direkt mit an den Herd nehmen und nachkochen!

In acht verschiedenen Kategorien findet ihr 60 tolle Rezepte, die von grundsätzlichen Dingen wie Hefeschmelz bis hin zu leckeren selbstgemachten Ravioli alles enthalten, was ich gerne koche. Wie ihr vermutlich schnell merken werdet, lege ich meinen Fokus lieber auf Genuss und Umsetzbarkeit als auf möglichst ausgefallene Rezepte – ich will mich nicht als veganer Starkoch inszenieren. Das seht ihr auch an den Bildern in diesem Kochbuch, da ich alles, was ich hier vorstelle, selbst gekocht und danach auch gegessen habe. Die Gerichte sehen also genau so aus, wie ich sie gekocht habe und wie sie aussehen sollen – ohne dass Food-Stylist_innen oder professionelle Fotograf_innen Hand angelegt haben.

Ihr werdet hier auch keine Bilder von mir, auf denen ich nett in die Kamera lächele, oder nähere Informationen zu meiner Person finden. Denn mir kommt es nicht auf einen Personenkult an, sondern auf das Ergebnis meiner Arbeit, wie ich euch im Folgenden erläutern möchte.

Zur Entstehung

Zu Beginn sollte mein Kochblog einerseits einfach ein Weg sein, um Menschen zu zeigen, was Veganer_innen alles essen, da mich die Frage „Du lebst vegan? Was isst du denn dann überhaupt noch???“ nach einiger Zeit doch sehr genervt hat. Und seitdem kann ich auf diese Frage einfach mit meiner Blog-Adresse antworten. Ich wollte damit schlicht einen Einblick in ein normales veganes Leben geben, zeigen, dass Veganismus weder schwer noch kompliziert ist und Menschen anregen, selbst zu kochen und Dinge auszuprobieren.

Andererseits wollte ich damals eine Alternative zu den vielen Kochseiten und -büchern schaffen, die komplizierte Rezepte veröffentlichten, bei denen man erst einmal durch fünf Fachgeschäfte rennen muss, um alle notwendigen Zutaten zu besorgen. Unter anderem deshalb kann man die meisten Zutaten für die Rezepte in meinem Kochbuch in Super- oder Biomärkten kaufen. Nur einige wenige Dinge wie Gluten (für Seitan) oder Trockensojaprodukte bekommt man nicht überall. Allerdings gibt es heutzutage viele tolle Veganversände, bei denen man diese Produkte sehr günstig online bestellen kann. Es lohnt sich auf jeden Fall!

Vorwort

Inzwischen betreibe ich diesen Blog nun schon seit über sechs Jahren und habe mit der Zeit ungefähr 100 verschiedene Rezepte bzw. Essensvorschläge veröffentlicht. Ich habe selbst aber immer wieder gemerkt, dass es einfacher ist, ein ausgedrucktes Rezept in der Küche dabeizuhaben. Da ich außerdem immer wieder darauf angesprochen wurde, hatte ich schon länger den Wunsch, die Rezepte auch in einer Offline-Druckversion zu veröffentlichen. Wichtig war mir dabei, dass ich keinen Gewinn mit meinen Rezepten mache und dass die Druckversion günstig zu erwerben ist. Ich möchte, dass möglichst viele Menschen davon profitieren und einen günstigen und einfachen Einstieg in veganes Kochen erhalten.
Denn je mehr Menschen einen unkomplizierten Zugang zu veganem Kochen finden, desto mehr Lebewesen freuen sich darüber!

Veganismus und Tierbefreiung

Vegan zu leben bedeutet für mich, keine Produkte zu kaufen oder zu konsumieren, für die Tiere gefangen gehalten wurden, leiden mussten oder gar getötet wurden. Veganismus ist für mich einfach die logische Konsequenz aus der kritischen Wahrnehmung der alltäglichen Tierausbeutung und den damit verbundenen zig Millionen Opfern menschlicher Ignoranz. Ich lebe also aus ethischen und moralischen Gründen vegan und nicht, weil es besonders hip oder sexy ist.
Deshalb möchte ich auch nicht erreichen, dass sich Menschen einen oder zwei Tage pro Woche vegan ernähren, sondern ich möchte dazu beitragen, dass sie vollkommen auf Tierprodukte verzichten. Ich freue mich zwar über jedes Stück Fleisch oder jedes Ei, das weniger gegessen wird, aber ich fordere eben nicht nur „ein bisschen vegan“. Denn ich will, dass alle Lebewesen frei und selbstbestimmt leben können.

Für mich ist Veganismus deshalb auch untrennbar mit Tierbefreiungsarbeit verbunden. Dabei meine ich mit Tierbefreiungsarbeit allerdings nicht zwingend direkte Aktionen oder aktive Tierbefreiungen (auch wenn ich mich mit diesen durchaus solidarisch zeige), sondern eine Befreiung von Tieren aus dem ihnen gesellschaftlich auferlegten Macht- und Ausbeutungsverhältnis, das auf Tod, Leid und Unterdrückung basiert.

Ich bin in der Tierbefreiungsbewegung aktiv, seit ich vegan lebe. Deshalb ist es mir ein großes Anliegen, euch mit diesem Kochbuch nicht nur günstig möglichst viele vegane Rezepte zur Verfügung zu stellen, sondern mit den Einnahmen auch gleichzeitig Tierbefreiungsarbeit aktiv zu unterstützen.

Vorwort

Solidarität

Sämtliche Einnahmen, die ich mit diesem Kochbuch erziele, fließen direkt in die Tierbefreiungsbewegung. Denn leider ist die Arbeit für die Befreiung der Tiere auch mit teils enormen Kosten verbunden. Lebenshöfe, auf denen nichtmenschlichen Tieren ein möglichst selbstbestimmtes Leben ermöglicht werden soll, müssen finanziert werden, Infomaterial muss gedruckt werden und leider muss auch der zunehmenden Repression entgegengewirkt werden. Deshalb wird mein Teil der Einnahmen, den ich mit dem Verkauf dieses Buches erhalte, als Spende auf verschiedene Projekte wie Lebenshöfe, Rechtshilfekonten oder Kampagnen aufgeteilt.
Solidarität ist schließlich nach wie vor eines unserer wichtigsten und wirksamsten Mittel, um diesem ganzen Irrsinn etwas entgegenzusetzen!

Schluss

Zum Schluss möchte ich euch an dieser Stelle noch kurz meinen Kochblog ans Herz legen, in dem es auch weiterhin immer mal wieder neue Rezepte geben wird und wo ihr eine Möglichkeit findet, mich zu kontaktieren, falls ihr Fragen habt, die euch unter den Nägeln brennen: http://ente.antispe.org

Ich wünsche euch viel Spaß beim Nachkochen und hoffe, es schmeckt euch!

Liebe Grüße
Ente

Glossar

Ich denke zwar, dass viele von euch die meisten Begriffe und Zutaten, die ich in diesem Kochbuch verwende, eh schon kennen. Aber um sicherzugehen, dass ihr wisst was ich im Einzelnen meine, möchte ich hier doch einige kurz erläutern.

Ablöschen
Flüssigkeit (kein Öl!) in etwas Brutzelndes kippen, damit es aufhört zu brutzeln.

Abschmecken
Abschmecken bedeutet, zunächst nur wenig Gewürz zu verwenden, dann zu probieren, und je nach Geschmack mehr Gewürz dazuzugeben – oder eben nicht.

Backzeiten
Die Backzeiten sind in diesem Buch generell in Ober-/Unterhitze angegeben. Falls ihr einen Heißluftherd habt, könnt ihr den einfach auf jeweils ca. 20° C weniger einstellen. Die Backzeit bleibt dann gleich.

Braune Soße
Leider ist es recht aufwändig, braune Soße selbst vegan herzustellen. Deshalb verwende ich meist Fertigpulver aus dem Bioladen oder von Veganversänden, das nur in Wasser eingerührt und dann erhitzt werden muss. Zwar nicht ganz so toll wie selbst gemacht, aber ungefähr 50 mal schneller zubereitet!

DIY
Do It Yourself bedeutet, wie der Name schon sagt: Mach es selbst! Und kaufe es nicht nur fertig im Laden ...

Gemüsebrühe
Kann entweder selbst auf Vorrat gekocht werden (aus Gemüse und Gemüseresten) oder mit heißem Wasser und Pulver aus dem Bioladen oder Supermarkt angemischt werden. Achtet darauf, dass das Fertigpulver keine Geschmacksverstärker wie Glutamate oder Hefeextrakte enthält. Denn einerseits sind diese bekannt dafür, dass sie nicht sehr gesund sind und andererseits stumpfen Geschmacksverstärker die Geschmackssinne ab.
Die Milliliterangabe bei den Rezepten gibt die Menge der fertigen/angemischten Brühe an.

Glossar

Gluten

Gluten ist das in Mehl enthaltene Eiweiß und sorgt beispielsweise dafür, dass Teig überhaupt zusammenklebt. Es ist in Pulverform erhältlich und du kannst daraus Seitan herstellen, indem du es mit Wasser vermischst und kochst.

Margarine

Wenn ich von Margarine spreche, meine ich damit stets rein pflanzliche Margarine. Viele andere Margarine-Sorten enthalten oft Tierprodukte, vielfach ist das zugesetzte Vitamin D tierlichen Ursprungs. Ich benutze am liebsten Alsan-Margarine, die in vielen Supermärkten und fast allen Bioläden erhältlich ist, weil sie sehr butterähnlich ist und sich gut anbraten lässt. Ihr könnt aber natürlich auch jede andere vegane Margarine verwenden!

Maßeinheit Tasse

Bei der Maßeinheit Tasse ist es bei meinen Rezepten nicht so wichtig wie groß genau die Tassen sind. Als Richtwert könnt ihr von ungefähr 200 ml pro Tasse ausgehen.

Mehlschwitze

Mehlschwitze (auch Einbrenn genannt) ist eine Mischung aus Pflanzenmargarine und Weizenmehl, die erhitzt wird. Hierzu wird die Margarine in einem Topf erhitzt und das Mehl hinzugegeben, sobald sie geschmolzen ist und leichte Bläschen wirft. Das Verhältnis Margarine zu Mehl ist in etwa 2:3 – also 2 EL Margarine und 3 EL Mehl. Die Mehlschwitze noch kurz anbräunen lassen und dann je nach Rezept entweder mit kalter Flüssigkeit ablöschen oder in eine Suppe/einen Eintopf einrühren.

Scharf anbraten

Anbraten des Bratgutes auf höchster Stufe, damit es schön brutzelt und sich Röstaromen entwickeln, die wichtig für den Geschmack sind.

Seitan

Eine aus Gluten hergestellte Fleischalternative, die richtig zubereitet unglaublich köstlich schmeckt.

Glossar

Sojagranulat / Sojawürfel / Sojamedaillons

Sogenanntes Texturiertes Sojaeiweiß in verschiedenen Formen und Größen. Es muss zuerst in heißem Wasser eingeweicht werden und kann dann ähnlich wie Fleisch weiter verarbeitet werden.
Erhältlich in Bioläden, bei veganen Online-Versänden und auch in manchen Supermärkten.

Wein & Drugfree

Wie einige von euch vielleicht wissen, lebe ich bewusst drogenfrei. Das bedeutet für mich, dass ich weder Tabak noch Alkohol oder gar noch stärker bewusstseinsverändernde Stoffe zu mir nehme. Dennoch koche ich gerne mit Wein, weil ich den Geschmack mag und weil der Alkohol beim Kochen zum größten Teil wieder verfliegt. Ich benutze dieses Zeug dabei nicht, um mich zu berauschen, sondern um meine Gerichte zu verfeinern.
Wenn ihr dennoch komplett auf Wein verzichten wollt oder müsst, könnt ihr natürlich auch Traubensaft oder alkoholfreie Weine verwenden.

Abkürzungen

ml	**Milliliter**
g	**Gramm**
kg	**Kilogramm**
mm	**Millimeter**
cm	**Zentimeter**
Msp	**Messerspitze**
TL	**Teelöffel**
EL	**Esslöffel**
Pck	**Packung oder Päckchen**

Grundrezepte

ca. 1 große Pizza / Auflauf

ca. 5 min

Hefeschmelz

Zutaten:

- 2 EL Mehl
- 2 EL Margarine
- 1-2 TL mittelscharfer Senf
- 250 ml Gemüsebrühe
- 6 EL Hefeflocken
- Salz, Pfeffer

Zubereitung:

1. Die Margarine in einem Topf schmelzen und mit dem Mehl eine Mehlschwitze herstellen.

2. Den Senf dazugeben und kurz anbraten. Mit der Gemüsebrühe ablöschen und kurz aufkochen lassen.

3. Die Hefeflocken mit einem Schneebesen einrühren und mit einer Prise Salz und Pfeffer abschmecken.

Je nach gewünschter Konsistenz könnt ihr den Hefeschmelz noch mit Gemüsebrühe oder Wasser verdünnen oder mit Hefeflocken etwas dickflüssiger machen.

ca. 600 g ca. 50 min

Seitan

Zutaten:
- 250 g Gluten
- 2 EL Tomatenmark
- 250 ml Wasser
- 3 EL Sojasoße
- 1 TL Salz
- ½ TL Pfeffer
- 2 TL Paprikapulver

Zubereitung:

1. Das Wasser mit dem Tomatenmark, der Sojasoße, Salz, Pfeffer und Paprikapulver in einer Schüssel verrühren. Anschließend das Gluten einrühren und schnell zu einem Teig verkneten, da Gluten schnell bindet.

2. Drei bis vier Liter Wasser in einem großen Topf erhitzen, den Teig in etwa faustgroßen Stücken in das Wasser geben und ca. 45 Minuten lang köcheln lassen.

3. Den nun festen Seitan herausnehmen, abkühlen lassen und weiterverarbeiten.

ca. 500 ml ca. 5 min

Sojamayonnaise

Zutaten:
- 200 ml Sojamilch
- 180 ml Raps- oder Sonnenblumenöl
- 2 TL mittelscharfer Senf
- ½ TL Salz
- 1 Prise Pfeffer

Zubereitung:

1. Die Sojamilch mit Senf, Salz und Pfeffer in einem hohen Gefäß mit einem Pürierstab kurz vermischen.

2. Dann alles mit dem Pürierstab stetig durchmixen und dabei langsam das Öl hineingeben. Die Mayo sollte nach kurzer Zeit fest werden, sobald das Öl vollständig im Behälter ist.

3. Kalt stellen. Fertig.

DIY

3-4 ca. 45 min

Gnocchi mit frischer Tomatensoße

Zutaten für die Gnocchi:

- 1 kg Kartoffeln
- 500 g Mehl
- 1 TL Salz

Zutaten für die Tomatensoße:

- 3-4 Tomaten
- 1 mittelgroße Zwiebel
- Margarine
- 1 Hand voll frisches Basilikum
- Salz, Pfeffer
- optional: 50 ml Sojasahne

Zubereitung:

1. Die Kartoffeln schälen, grob zerteilen und in Salzwasser kochen, bis sie gar sind.
Dann die Kartoffeln durch eine Kartoffelpresse drücken oder mit einer Gabel zermatschen. Mit dem Mehl und dem Salz vermengen und einen glatten Teig daraus kneten. Bei Bedarf noch etwas Mehl hinzugeben.
Den Teig ca. 10 Minuten im Kühlschrank ruhen lassen.

2. Aus dem Teig etwa daumendicke Rollen formen und davon jeweils wieder etwa 2 cm lange Stücke abschneiden. Die so entstandenen Stücke in die Handfläche legen und mit der Rückseite der Gabel kurz drüber rollen. Mit etwas Übung sollten nun tolle Gnocchi mit Rillen entstehen.

3. Die Gnocchi in köchelndes Salzwasser geben und garen. Sie sind fertig, wenn sie oben schwimmen (das kann recht schnell gehen).

4. Für die Tomatensoße die Tomaten in kleine Stücke und die Zwiebel in feine Würfel schneiden.

5. Die Zwiebelwürfel in etwas Margarine glasig braten, die Tomatenstückchen dazugeben und ein paar Minuten bei mittlerer Hitze braten/köcheln, bis die Tomaten zerfallen. Das Basilikum hacken, dazugeben und mit Salz und Pfeffer abschmecken. Je nach Wunsch noch Sojasahne dazugeben.

6. Die Tomatensoße über die Gnocchi geben und sich über selbst gemachte Gnocchi freuen.

3-4

ca. 30 min
(+ 60 min Ruhezeit)

Nudeln mit Zucchini-Sahne-Soße

Zutaten für die Nudeln:

- 300 g Hartweizengrieß
- 125 ml Wasser
- 3 EL Olivenöl
- 1 Prise Salz
- etwas Mehl für die Arbeitsfläche

Zutaten für die Soße:

- 1 Zucchini
- 1 mittelgroße Zwiebel
- 200 ml Soja- oder Hafersahne
- 100 ml Gemüsebrühe
- 1 EL Pflanzenöl
- 2 EL frischer Schnittlauch
- je 1 Prise Salz, Pfeffer, Paprikapulver

Zubereitung:

1. Hartweizengrieß, Wasser, Olivenöl und eine Prise Salz zu einem glatten Teig verkneten und in Frischhaltefolie eingewickelt ca. 60 Minuten im Kühlschrank ruhen lassen.

2. Den Teig nach der Ruhezeit noch einmal kurz durchkneten, damit er geschmeidig wird und dann auf einer mit Mehl bestäubten Oberfläche ausrollen, bis er ca. 1-2 mm dünn ist. Den ausgerollten Teig in dünne Streifen schneiden und, je nach Größe des Topfes, ein bis zwei Hände voll in köchelndes Salzwasser geben. Die Nudeln müssen nur ca. 2-3 Minuten kochen. Sobald sie oben schwimmen, sind sie fertig. Dann rausholen und die nächste Portion in das Wasser geben.

3. Für die Soße die Zucchini in Scheiben und die Zwiebel in feine Würfel schneiden. Die Zucchini scharf in dem Pflanzenöl anbraten und nach ein oder zwei Minuten die Zwiebelwürfel hinzugeben. Alles noch einmal kurz durchbraten, mit je einer Prise Salz, Pfeffer und Paprikapulver würzen und mit der Gemüsebrühe ablöschen. Sahne und Schnittlauch dazugeben und dann die Nudeln noch einmal mit in die Pfanne geben.

Et voilà.

ca. 800 g ca. 90 min

Seitan-Paprika-Aufschnitt

Flüssige Zutaten:
- 350 ml Wasser
- 6 EL Tomatenmark
- 2 TL mittelscharfer Senf
- 3 EL Pflanzenöl
- 3 EL Sojasoße

Trockene Zutaten:
- 1-2 rote Paprika
- 300 g Gluten
- 4 EL Paniermehl
- 3 TL Knoblauchgranulat
- 3 TL Zwiebelgranulat
- 5 TL Paprikapulver
- 1 TL Pfeffer
- 4 TL Salz

Zubereitung:

1. Die Paprika in sehr kleine Würfel schneiden (ca. 5 mm).

2. Trockene und flüssige Zutaten voneinander getrennt vermischen. Anschließend die flüssigen Zutaten in die trockenen einrühren und zu einem Teig verkneten.

3. Die Menge in vier Teile teilen und auf ca. 30 x 30 cm große Backpapierstücke verteilen. Aus dem Teig jeweils eine Rolle formen und in das Backpapier einrollen. Die Enden wie bei einem Bonbon verdrehen.

4. Die einzelnen Wurst-Bonbons nochmal in Alufolie einwickeln und die Enden wieder verdrehen. Nun für ca. 60-70 Minuten im Ofen bei 180° C backen. Nach der Backzeit am besten im ausgeschalteten Ofen abkühlen lassen.

5. Nach dem Abkühlen können die Würste ausgepackt und aufgeschnitten werden.

ca. 250 ml

ca. 15 min

Paprika-Chili-Aufstrich

Zutaten:

- 3 Paprika
- 1-2 mittelgroße Zwiebeln
- 2 rote Chilischoten
- 1 Knoblauchzehe
- 2 EL Tomatenmark
- 100 ml Gemüsebrühe
- 1-2 EL Pflanzenöl
- Salz, Pfeffer

Zubereitung:

1. Paprika, Zwiebeln, Knoblauch und Chilis in kleine Stückchen schneiden.

2. Die Paprika- und Chilistückchen im Pflanzenöl anbraten, nach ein paar Minuten die Zwiebeln und den Knoblauch hinzugeben.

3. Sobald die Zwiebeln goldbraun sind, das Tomatenmark hinzugeben, kurz anrösten und mit der Gemüsebrühe ablöschen.
Mit Salz und Pfeffer würzen, abschmecken und noch ein paar Minuten köcheln lassen.

4. Abkühlen lassen und aufs Brot schmieren!

10-12 Würste

ca. 90 min

Seitanbratwürste

Flüssige Zutaten:
- 350 ml Wasser
- 4 EL Tomatenmark
- 3 EL Sojasoße
- 1-2 TL Senf
- 3 EL Pflanzenöl

Trockene Zutaten:
- 1 mittelgroße Zwiebel
- 1 Knoblauchzehe
- 300 g Gluten
- 5 EL Paniermehl
- 3 TL Knoblauchgranulat
- 3 TL Zwiebelgranulat
- 1 TL Pfeffer
- 4 TL Salz
- 1 TL Zucker
- 1 ½ TL Kreuzkümmel
- 4 TL Paprikapulver

Zubereitung:

1. Zwiebel und Knoblauch in feine Würfel schneiden und in den 3 EL Öl glasig anbraten.

2. Die flüssigen Zutaten miteinander vermischen, die Zwiebeln und den Knoblauch zusammen mit dem Öl dazugeben. Die restlichen trockenen Zutaten getrennt davon miteinander vermischen.

3. Beide Mischungen miteinander verrühren und zu einem Teig verkneten.

4. Aus Backpapier ca. 20 x 20 cm große Stücke schneiden. Etwa eine Hand voll Teig zu einer 10-15 cm langen und 2-3 cm dicken Wurst formen. Nicht wundern, wenn die Wurst ihre Form nicht von alleine behält, das geschieht erst durch das Backen.

5. Die Wurst in das Backpapier einrollen, die Enden wie bei einem Bonbon verzwirbeln, dann nochmal in ein gleich großes Stück Alufolie wickeln und die Enden wieder verdrehen. Dies so lange wiederholen, bis der ganze Teig aufgebraucht ist.

6. Die Würste bei 160° C für etwa 50 Minuten im Ofen backen und im ausgeschalteten Ofen abkühlen lassen. Sobald die Würste kalt sind, werden sie noch etwas fester.

7. Würste auspacken und als Brat- oder Currywurst weiterverwenden. Oder einfach pur genießen und knabbern.

2-3 ca. 30 min

Seitanspieße mit Remoulade

Zutaten für die Spieße:

- 300 g Seitan (siehe Seite 10)
- 200 g Champignons
- 1 Zucchini
- 2 rote Paprika
- 4 EL Pflanzenöl
- 2-3 EL Pflanzenöl (zum Braten)
- ½ TL Paprikapulver
- ½ TL Grillgewürz
- ½ TL Salz
- 1 Prise Pfeffer
- ca. 10 Holzspieße

Zutaten für die Remoulade:

- 250 ml Sojamayonnaise (siehe Seite 11)
- 100 g eingelegte, saure Gurken
- 1 mittelgroße Zwiebel
- 1 EL Margarine
- 1 EL Gurkenwasser (aus dem Gurkenglas)
- 1 TL Dill
- 1 Prise Salz
- 1 Prise Pfeffer

Zubereitung:

1. Den Seitan in ca. 3 x 3 cm große Würfel schneiden. Die Paprika und die Zucchini ebenfalls in etwa 3 x 3 cm große Quadrate schneiden, bei den Champignons lediglich den unteren Teil des Stumpfes entfernen.

2. Das Pflanzenöl zusammen mit Paprikapulver, Grillgewürz, Salz und Pfeffer in einer Schüssel verrühren, die Seitanwürfel hinzugeben und ca. 10 Minuten marinieren.

3. Die marinierten Seitanwürfel und das Gemüse abwechselnd auf die Holzspieße stecken, bis alles aufgebraucht ist.

4. Für die Remoulade die eingelegten, sauren Gurken in kleine Stücke schneiden (ca. 5-10 mm groß) und die Zwiebel fein würfeln.

5. Die Zwiebelwürfel mit der Margarine in einer Pfanne glasig braten und zusammen mit den Gurkenstückchen, dem Dill, Salz und Pfeffer in die Sojamayonnaise einrühren.

6. Die Spieße in einer Pfanne mit etwas Pflanzenöl anbraten (oder auf den Grill legen), bis der Seitan kross angebraten ist und das Gemüse eine leckere Bräune bekommen hat. Zusammen mit Remoulade und eventuell Kartoffel- oder Nudelsalat genießen.

Tipp: **Die Seitanspieße eignen sich super zum Grillen.**

Salate

ca. 1 kg
(8-10 Personen)

ca. 50 min
(+ 8 Stunden Einweichzeit)

Azukibohnensalat

Zutaten:
- 250 g Räuchertofu
- 1 kleine Dose Mais (285 g Abtropfgewicht)
- 1 Bund Frühlingszwiebeln
- 500 g getrocknete Azukibohnen (gibt's in größeren Bioläden)
- 3-4 EL Apfelessig
- 3-4 EL Pflanzenöl
- Salz

Zubereitung:

1. Die Bohnen über Nacht in reichlich Wasser einweichen und dann ca. 40 Minuten (bzw. bis sie weich sind) in frischem Wasser mit etwas Salz köcheln.

2. Die Frühlingszwiebeln in feine Ringe schneiden.

3. Den Räuchertofu in Würfel schneiden und im Pflanzenöl anbraten, bis er knusprig ist.

4. Den angebratenen Räuchertofu mit dem Öl über die Bohnen geben, den (abgetropften) Mais und die Frühlingszwiebeln dazugeben.

5. Mit Apfelessig und etwas Salz abschmecken und durchziehen lassen

ca. 2 kg
(8-10 Personen)

ca. 40 min
(+ 8 Stunden Abkühlzeit)

Kartoffelsalat

Zutaten:
- 200 g Räuchertofu
- 2 kg festkochende Kartoffeln
- 2 mittelgroße Zwiebeln
- 100 ml Gemüsebrühe
- 2 EL Pflanzenöl
- Salz, Pfeffer

Zubereitung:

1. Die Kartoffeln am besten bereits am Vortag kochen. Einfach ungeschält in einem großen Topf mit so viel Wasser kochen, dass die Kartoffeln leicht schwimmen. Die Kartoffeln sind weich, wenn man mit einem Messer ohne großen Widerstand hineinstechen kann. Abschütten und abkühlen lassen.

2. Abgekühlte Kartoffeln pellen und in ca. 5 mm dicke Scheiben schneiden. Den Räuchertofu in kleine Würfel schneiden und die Zwiebeln ebenfalls fein würfeln.

3. Den Räuchertofu im Öl anbraten, bis er leicht braun wird, dann die Zwiebeln dazugeben. Beides so lange weiter braten, bis die Zwiebeln eine leichte Bräune bekommen. Mit der Gemüsebrühe ablöschen und alles über die Kartoffeln geben. Den Salat mit Salz und Pfeffer abschmecken.

4. Den fertigen Kartoffelsalat ca. 30 Minuten durchziehen lassen und dann zum Grillen mitnehmen!

ca. 1,2 kg
(8 Personen)

ca. 30 min

Nudelsalat

Zutaten:
- 1 Tasse Sojawürfel
- 500 g Nudeln nach Wahl
- 200 g eingelegte, saure Gurken
- 1 große Dose „Erbsen und Möhren“ (420 g Abtropfgewicht)
- 1 mittelgroße Zwiebel
- 250 ml Sojamayonnaise (siehe Seite 11)
- 1 EL Pflanzenöl
- ½ TL Paprikapulver
- Salz, Pfeffer

Tipp: An Nudeln mit Löchern bleibt mehr Mayo hängen!

Zubereitung:

1. Die Nudeln kochen und etwas abkühlen lassen. Die Sojawürfel 5-10 Minuten in heißem Wasser einweichen, dann das Wasser abgießen und wieder ausdrücken. Die Zwiebel in kleine Stücke schneiden.

2. Die Gurken kleinschneiden und mit den „Erbsen und Möhren“ zu den Nudeln geben. Die Sojawürfel im Pflanzenöl anbraten, bis sie leicht braun sind, dann die Zwiebelstücke dazugeben. Alles gut anbraten, mit dem Paprikapulver und je einer Prise Salz und Pfeffer würzen und zu den restlichen Zutaten geben.

3. Abschließend die Mayo und einen guten Schuss Gurkenwasser (aus dem Glas) untermischen, mit etwas Salz und Pfeffer abschmecken und gut durchziehen lassen.

4. Fertig ist der Nudelsalat. Passt super zu Bratwürsten oder Sojasteaks!

ca. 500 g   ca. 10 min

Tofufleischsalat

Zutaten:

- 200 g Räuchertofu
- ca. 150 ml Sojamayonnaise (siehe Seite 11)
- 3-4 Gewürzgurken
- 2 mittelgroße Zwiebeln
- 2 EL Gurkenwasser (aus dem Gurkenglas)
- 1 EL Margarine
- 2 EL frischer Schnittlauch
- 1 Prise Paprikapulver
- 1 TL Dill
- 1 Prise Salz
- 1 Prise Pfeffer

Zubereitung:

1. Den Räuchertofu in dünne, kleine Streifen schneiden, die Zwiebeln fein würfeln und die Gewürzgurken kleinschneiden. Sojamayonnaise herstellen (siehe Seite 11).

2. Die Zwiebelwürfel in der Margarine glasig braten.

3. Alle Zutaten vermischen: Räuchertofu, angebratene Zwiebeln, Gurkenstückchen, Mayo, Schnittlauch, Dill, Gurkenwasser, Salz, Pfeffer und Paprikapulver.

4. Im Kühlschrank noch etwas durchziehen lassen und mit Brot, Brötchen, Baguette oder einfach nur pur genießen.

Schnell & Einfach

2-3 ca. 15 min

Rührtofu

Zutaten:

- 200 g Tofu
- 100 g Räuchertofu
- 1 rote Paprika
- 1 mittelgroße Zwiebel
- 100 ml Sojamilch
- Pflanzenöl
- 2-3 EL frischer, gehackter Schnittlauch
- 1-2 TL Kurkuma,
- ½ TL Paprikapulver
- optional: Gemüsebrühpulver
- Salz, Pfeffer

Zubereitung:

1. Die Paprika und den Räuchertofu in kleine Stücke schneiden und in etwas Öl scharf anbraten. Die Zwiebel fein würfeln und nach 1-2 Minuten mit in die Pfanne geben.

2. Den Tofu per Hand oder mit einer Gabel zerbröseln und mit der Sojamilch, dem Kurkuma und dem Paprikapulver anrühren.

3. Wenn die Zwiebelwürfel goldbraun sind, die Rührtofumasse dazugeben. So lange anbraten, bis die gewünschte Konsistenz erreicht ist – je länger sie brät, desto trockener wird sie. Schnittlauch dazugeben und mit Salz, Pfeffer und evtl. etwas Gemüsebrühpulver abschmecken.

Der fertige Rührtofu kann pur, auf einem Brötchen oder auf frischem Toast gegessen werden.

2-3 ca. 30 min

Brokkoli-Quinoa-Pfanne

Zutaten:

- ca. 200 g Quinoa
- 200 g Räuchertofu oder vegane Würstchen
- 1 Brokkoli
- 1 mittelgroße Zwiebel
- 200 ml Sojasahne
- Pflanzenöl
- 2 EL frischer, gehackter Schnittlauch
- ½ TL Paprikapulver
- Salz, Pfeffer

Zubereitung:

1. Das Quinoa nach Packungsanleitung in Salzwasser kochen.

2. Den Räuchertofu oder die Würstchen kleinschneiden und die Zwiebeln fein würfeln. Den Brokkoli waschen und in Röschen schneiden.

3. Den Brokkoli mit Räuchertofu/Würstchen in etwas Pflanzenöl scharf anbraten. Nach 2-3 Minuten die Zwiebelwürfel dazugeben und kurz mit anbraten, bis die Zwiebeln goldbraun sind. Dann das gekochte Quinoa dazugeben.

4. Sojasahne und Paprikapulver unterrühren und mit Salz und Pfeffer abschmecken. Mit dem Schnittlauch verfeinern und garnieren. Et voilà!

2-3 ca. 20 min

Dinkelpfanne mit Pilzsahnesoße

Zutaten für die Dinkelpfanne:
- 1 Zucchini
- 1 Paprika
- 1 mittelgroße Zwiebel
- 125 g Zartdinkel
- Pflanzenöl
- ½ TL Kurkuma
- ½ TL Paprikapulver
- Salz, Pfeffer

Zutaten für die Pilzsahnesoße:
- ca. 250 g Champignons
- 200 ml Sojasahne
- 2 EL frischer, gehackter Schnittlauch
- Salz, Pfeffer

Zubereitung:

1. Den Zartdinkel nach Packungsanleitung kochen. Zucchini und Paprika kleinschneiden und in etwas Pflanzenöl anbraten, bis beides etwas Bräune bekommen hat. Währenddessen die Zwiebel kleinschneiden und dann ebenfalls mit anbraten.

2. Wenn alles angebraten ist und die Zwiebeln leicht goldbraun geworden sind, den gekochten, abgeschütteten Zartdinkel dazugeben und mit anbraten. Danach mit dem Kurkuma und dem Paprikapulver und je einer Prise Salz und Pfeffer würzen und abschmecken.

3. Für die Soße die Champignons in Scheiben schneiden und ebenfalls in einer heißen Pfanne mit etwas Pflanzenöl scharf anbraten, bis sie leicht braun sind. Dann die Sojasahne dazugeben, die Hitze runterdrehen und kurz mitköcheln lassen. Mit Salz, Pfeffer und dem gehackten Schnittlauch abschmecken.

4. Zuletzt die Dinkelpfanne und die Champignonsoße auf dem Teller kombinieren ... und genießen!

3-4 ca. 30 min

Petersilienkartoffeln

Zutaten:
- 1 kg mehligkochende Kartoffeln
- 1 mittelgroße Zwiebel
- 3 EL Mehl
- 2 EL Margarine
- Gemüsebrühpulver
- 1 Bund Blattpetersilie
- Salz, Pfeffer

Zubereitung:

1. Die Kartoffeln schälen, in grobe Stücke schneiden und mit 1 TL Salz in so viel Wasser kochen, dass sie von ca. 2-3 cm Wasser bedeckt sind.

2. Die Zwiebel fein würfeln und mit der Margarine goldbraun braten. Das Mehl dazugeben und kurz mit anbraten. Diese Zwiebel-Mehlschwitze zu den Kartoffeln geben, wenn diese ca. 5-10 Minuten geköchelt haben.

3. Die Petersilie hacken und mit in den Topf geben. Mit Salz, Pfeffer und etwas Gemüsebrühpulver würzen und abschmecken. Alles noch ca. 10 Minuten köcheln lassen, bis die Kartoffeln weich sind.

4. Jetzt könntet ihr noch Seitan- oder Tofuwürste dazugeben, kurz mit erhitzen und dann servieren.

Tipp: **Am besten mit Seitan- oder Tofuwienern kombinieren.**

3-4 ca. 30 min

Reis-Gemüse-Pfanne

Zutaten:

- 2 Hände voll geschnittenes Gemüse (Paprika, Brokkoli, Zucchini oder etwas ganz anderes ;))
- 1 mittelgroße Zwiebel
- ca. 250 g Reis (parboiled)
- 250 ml Wasser
- 250 ml Gemüsebrühe
- 3-4 EL Pflanzenöl
- ½ TL Grillgewürz
- Salz, Pfeffer

Zubereitung:

1. Die Zwiebel fein würfeln, das Gemüse in Stücke schneiden.

2. Die Zwiebelwürfel in 2-3 EL Pflanzenöl anbraten und nach kurzer Zeit den trockenen Reis dazugeben. Kurz anbraten und dann mit Wasser und Gemüsebrühe ablöschen. Auf geringer Hitze ca. 10-15 Minuten köcheln, bis der Reis weich ist und das Wasser aufgesogen hat.

3. Das Gemüse in ca. 1 EL Pflanzenöl scharf anbraten, bis alles die gewünschte Bräune hat und mit dem Grillgewürz würzen. Den Reis dazugeben, kurz mit anbraten und mit Salz und Pfeffer abschmecken. Fertig!

2-3 ca. 20 min

Zucchini-Kartoffelpuffer mit Dip

Zutaten für die Puffer:
- 5-6 Kartoffeln
- 1 Zucchini
- 1-2 EL Mehl
- 1-2 EL Pflanzenöl
- 1 Prise Gemüsebrühpulver
- 1-2 EL frische, gehackte Petersilie
- ½ TL Salz
- 1 Prise Pfeffer

Zutaten für den Dip:
- 500 g Sojajoghurt
- 1 Bund frischer Schnittlauch
- Salz, Pfeffer, Paprikapulver

Zubereitung:

1. Die geschälten Kartoffeln und die Zucchini mit einer Reibe in kleine Streifen reiben (kein Brei!) und mit der gehackten Petersilie, Salz, Pfeffer und dem Gemüsebrühpulver vermischen. Dann noch 1-2 EL Mehl dazugeben, damit die Masse etwas besser bindet.

2. In einer Pfanne 1-2 EL Pflanzenöl erhitzen und aus der Zucchini-Kartoffelpuffer-Masse etwa handtellergroße, dünne Fladen formen und anbraten. Einmal wenden – sobald die Ränder und die Unterseite goldbraun sind – reicht normalerweise aus. Nach dem Braten auf Küchenpapier abtropfen lassen.

3. Für den Dip den Schnittlauch kleinschneiden und mit je einer Prise Salz, Pfeffer und Paprikapulver in den Sojajoghurt mischen.

2-3 ca. 20 min

Nudeln mit Spinatsoße

Zutaten:

- 250 g Nudeln (Form nach Wahl)
- 150 g Tiefkühl-Blattspinat
- 200 ml Sojasahne
- 1 mittelgroße Zwiebel
- Salz, Pfeffer

Zubereitung:

1. Nudeln in kochendes Salzwasser geben und ca. 8 Minuten kochen, bis sie bissfest sind.

2. Zwiebel kleinschneiden und in etwas Öl goldbraun anbraten. Blattpinat dazugeben und auftauen lassen. Mit je einer Prise Salz und Pfeffer abschmecken und die Sojasahne dazugeben.

3. Die Soße über die Nudeln geben und schon ist alles fertig.

2-3 ca. 25 min

Spaghetti Bolognese

Zutaten:

- 1 Tasse Sojagranulat
- 500 g Spaghetti
- 1 mittelgroße Zwiebel
- 2 Karotten
- 500 ml passierte Tomaten
- 1 EL Pflanzenöl
- 100 ml Gemüsebrühe (optional: Rotwein)
- 2 EL frisches, gehacktes Basilikum
- 1 EL Zucker
- Salz, Pfeffer

Auflauf-Tipp: Spirelli-Nudeln statt der Spaghetti verwenden, zusammen mit der Bolognesesoße in eine Auflaufform geben und mit Hefeschmelz (siehe Seite 9) überbacken.

Zubereitung:

1. Die Spaghetti in reichlich Salzwasser kochen und abschütten, sobald sie bissfest sind (nach ca. 8 Minuten). Das Sojagranulat in heißem Wasser einweichen. Die Karotten und die Zwiebel in Würfel schneiden.

2. Die Karotten scharf im Pflanzenöl anbraten, den Zucker zugeben und karamellisieren. Die Zwiebeln dazugeben und kurz mit anbraten. Das Wasser aus dem Sojagranulat ausdrücken, das Granulat ebenfalls beimengen und anbraten.

3. Mit der Gemüsebrühe (oder Rotwein) ablöschen und die passierten Tomaten hinzugeben. Kurz köcheln lassen und mit dem Basilikum, Salz und Pfeffer abschmecken.

4. Die Soße über die heißen Spaghetti geben und eventuell mit etwas veganem Parmesan bestreuen.

Frische-Tipp: Einen Teil der passierten Tomaten kannst du auch durch kleingeschnittene, frische Tomaten ersetzen!

2-3 ca. 25 min

Spaghetti Carbonara

Zutaten:
- 100 g Räuchertofu
- 250 g Spaghetti
- 1 mittelgroße Zwiebel
- 200 ml Soja- oder Hafersahne
- Pflanzenöl
- 2 EL frischer, gehackter Schnittlauch
- Salz, Pfeffer, Gemüsebrühpulver

Zubereitung:

1. Die Spaghetti ca. 8 Minuten in reichlich Salzwasser kochen und abschütten, sobald sie bissfest sind. Den Räuchertofu in kleine Würfel und die Zwiebel in noch kleinere Stücke schneiden.

2. Nun den Räuchertofu in etwas Öl scharf anbraten und nach ein paar Minuten die Zwiebelstückchen dazugeben. Kurz mit anbraten, dann die Sahne und den Schnittlauch unterrühren.

3. Mit Salz, Pfeffer und evtl. etwas Gemüsebrühpulver abschmecken und die Soße über die Spaghetti geben.

2-3 ca. 20 min

Nudelpfanne Deluxe

Zutaten:

- 200 g Tofu- oder Seitanwürstchen
- 250 g Spaghetti
- ca. 200 g Cocktailtomaten (oder 2-3 Tomaten)
- 1 mittelgroße Zwiebel
- 200 ml Sojasahne
- Pflanzenöl
- 1-2 EL frisches, gehacktes Basilikum
- 1 TL getrockneter Oregano
- Salz, Pfeffer

Zubereitung:

1. Die Spaghetti in kochendes Salzwasser geben und ca. 8 Minuten kochen, bis sie „al dente" (bissfest) sind. Die Cocktailtomaten halbieren, Würstchen in Scheiben schneiden und die Zwiebeln fein würfeln.

2. Die Wurststückchen in einer Pfanne mit etwas Pflanzenöl scharf anbraten und die Zwiebeln dazugeben, sobald die Würstchen leicht kross werden. Die Zwiebeln mit anbraten und, sobald sie glasig sind, die Cocktailtomaten beimengen.

3. Alles so lange braten, bis die Tomaten leicht zerfallen, dann die Sojasahne und das gehackte Basilikum hinzufügen. Mit dem Oregano und jeweils einer Prise Salz und Pfeffer würzen.

4. Die Spaghetti mit in die Pfanne geben und beides zusammen genießen.

Hauptgerichte

6 Burger ca. 40 min

Seitanburger

Zutaten:
- 6 Burgerbrötchen
- 1 Tomate
- 1 kleine Zwiebel
- 2-3 saure Gurken
- 6 TL Röstzwiebeln
- Ketchup
- Sojamayonnaise (siehe Seite 11)
- Pflanzenöl
- ca. 200 g Salat nach Wahl

Zutaten für den Bratling:
- ca. 300 g Seitan (siehe Seite 10)
- 4-5 EL Paniermehl
- 1 große Zwiebel
- 2 TL mittelscharfer Senf
- 2 TL Paprikapulver
- 1 TL Salz
- ½ TL Pfeffer

Zubereitung:

1. Zuerst muss der fertige Seitan zu Seitanhack zerkleinert werden. Am besten geht das in einem Fleischwolf oder einer Küchenmaschine. Zur Not könnt ihr ihn auch in kleine Stücke schneiden und ganz kurz mit einem Pürierstab bearbeiten.

2. Die Zwiebel kleinschneiden, in etwas Öl glasig braten und mit Senf, den Gewürzen und dem zerkleinerten Seitan vermischen. Das Paniermehl dazugeben und zu einem klebrigen Bratlingsteig verarbeiten. Je nach Feuchtigkeit der Masse müsst ihr etwas mehr oder auch weniger Paniermehl verwenden. Herauskommen sollte auf jeden Fall ein Teig, der sich gut zu Bratlingen formen lässt und nicht direkt auseinanderfällt. Das Paniermehl fungiert in diesem Fall zusammen mit der Feuchtigkeit aus dem Teig als Bindemittel.

3. Die Bratlinge anbraten. Die Burgerbrötchen aufschneiden, auf einem Toaster antoasten und dann mit den restlichen Zutaten die Burger bauen. Meine Burger bestehen meist von unten nach oben aus: Brötchenhälfte, Ketchup, Salat, Bratling, Zwiebelringe, Gurkenscheiben, Tomate, Röstzwiebeln, Mayo und Brötchenhälfte.

Bratlinge mit Kartoffelpüree und Tomaten

2-3 ca. 30 min

Zutaten für die Bratlinge:

- 1 große Dose (800 g) Kichererbsen
- 1 kleine rote Paprika
- 1 EL Mehl
- 2 EL Paniermehl
- 1 EL Wasser
- Pflanzenöl
- 1 EL frischer, gehackter Schnittlauch
- Salz, Pfeffer

Zutaten für das Kartoffelpüree:

- 500 g Kartoffeln
- 2 EL Schnittlauch
- 100 ml Sojamilch
- 1 Prise Muskat
- Salz, Pfeffer

Zutaten für die gebratenen Tomaten:

- 1 mittelgroße Zwiebel
- 200 g Cocktailtomaten
- 1 EL gehacktes Basilikum

Zubereitung:

1. Die Kichererbsen abtropfen lassen und die Paprika in kleine Würfel schneiden. Mit einer Gabel oder einem Kartoffelstampfer die Kichererbsen zermatschen, Paniermehl, Mehl, Wasser, Schnittlauch, je eine Prise Salz und Pfeffer und die Paprikawürfel hinzugeben und miteinander verkneten. Herauskommen sollte eine Masse, aus der sich Bratlinge formen lassen und die nicht sofort wieder zerfällt. Wenn sie nicht fest genug ist, noch etwas Paniermehl hinzugeben.

2. Die Kartoffeln schälen, grob zerteilen und 10-15 Minuten in Salzwasser kochen, bis sie weich sind.

3. Aus dem Kichererbsenteig Bratlinge formen und in einer Pfanne mit etwas Pflanzenöl von beiden Seiten goldbraun anbraten. Die Bratlinge erst in die Pfanne legen, wenn das Öl wirklich heiß ist, damit das Öl nicht aufgesogen wird!

4. Die Kartoffeln abgießen und mit einem Kartoffelstampfer oder einer Gabel zu Püree verarbeiten. Sojamilch und Schnittlauch hinzugeben und mit Salz, Pfeffer und dem Muskat abschmecken.

5. Für die gebratenen Cocktailtomaten die Zwiebel fein würfeln und in etwas Öl glasig braten. Die Cocktailtomaten vierteln und dazugeben. Basilikum untermengen, ca. 5 Minuten braten, bis die Tomaten zerfallen und mit Salz und Pfeffer abschmecken.

6. Bratlinge, Kartoffelpüree und Tomaten miteinander kombinieren. Et voilà.

3-4 ca. 60 min

Seitannuggets mit Wedges

Zutaten für die Wedges:
- 1 kg festkochende Kartoffeln
- 4 EL Pflanzenöl
- 1 TL Rosmarin
- 1 TL Paprikapulver
- ½ TL Salz
- 1 Prise Pfeffer

Zutaten für die Soße:
- 200 ml Mayonnaise (siehe Seite 11)
- 100 ml Ketchup
- 1 TL getrocknetes Basilikum
- 2 EL Orangensaft

Zutaten für die Nuggets:
- 600 g Seitan (siehe Seite 10)
- 2 Tassen Cornflakes
- 3 leicht gehäufte EL Mehl
- 10 EL Wasser
- Pflanzenöl
- ½ TL Paprikapulver
- Salz, Pfeffer

Zubereitung:

1. Die Kartoffeln waschen, achteln und mit dem Pflanzenöl, Rosmarin, Paprikapulver, Salz und Pfeffer in einer Schüssel vermischen. Auf einem Backblech (mit Backpapier) verteilen und bei 200° C ca. 30 Minuten backen.

2. Die Cornflakes in einen Gefrierbeutel geben und mit einem Nudelholz oder einem anderen massiven Gegenstand so lange darauf rumhauen, bis die Cornflakes klein zerbröselt sind.

3. Mehl und Wasser zu einer klebrigen Masse vermischen. Das Paprikapulver und jeweils eine Prise Salz und Pfeffer hinzugeben.

4. Für die Soße einfach alle Zutaten miteinander verrühren.

5. Den Seitan in nuggetgroße Stücke schneiden, zuerst in der klebrigen Mehlmasse wenden und dann in den zerbröselten Cornflakes. Die Cornflakes-Panade sollte nun an den Nuggets kleben. Zum Schluss die Nuggets in einer Pfanne mit etwas Pflanzenöl goldbraun braten und zusammen mit den Wedges und der Soße genießen.

Sojamedaillons Deluxe

2-3 ca. 30 min

Sojamedaillons mit Bratkartoffeln, Brokkoli und einer Senf-Dillsoße

Zutaten:

- 8-10 Sojamedaillons
- 100 g Räuchertofu
- 500 g festkochende Kartoffeln
- 1 Zwiebel
- 1 Brokkoli (ca. 500 g)
- Pflanzenöl
- 1 TL Rosmarin
- 1 Prise Muskat
- Paprikapulver
- Salz, Pfeffer

Zutaten für die Soße:

- 2 EL Mehl
- 1 EL Margarine
- 2 TL mittelscharfer Senf
- 250 ml Gemüsebrühe
- ½ TL getrockneter Dill
- oder 1 TL frischer Dill

Zubereitung:

1. Die Kartoffeln schälen und in Scheiben schneiden, den Räuchertofu würfeln, die Zwiebel in feine Würfel und den Brokkoli in Röschen schneiden. Die Sojamedaillons in heißem Wasser einweichen.

2. Die Kartoffeln und den Räuchertofu in etwas Öl scharf anbraten und die Zwiebelwürfel dazugeben, sobald die Kartoffeln eine leichte Bräune bekommen haben. Dann auf mittlerer Hitze weiter braten, bis die Kartoffeln weich sind. Mit Rosmarin, Muskat und jeweils einer Prise Salz und Pfeffer würzen und abschmecken.

3. Salzwasser kochen und den Brokkoli hineingeben, auf mittlere Hitze schalten, damit das Wasser nicht mehr kocht und den Brokkoli für ca. 5 Minuten ziehen lassen, bis er weich ist, dann rausnehmen. Das Wasser sollte nicht kochen, da der Brokkoli sonst zerfällt und zu weich wird.

4. Aus den Sojamedaillons das Wasser ausdrücken und diese mit Salz, Pfeffer und Paprikapulver bestreuen. In etwas Öl scharf anbraten, bis sie kross sind.

5. Für die Senf-Dillsoße die Margarine in einem Topf schmelzen, das Mehl und den Senf dazugeben, kurz durchrühren und mit der Gemüsebrühe ablöschen. Dann nochmals kurz aufkochen lassen und mit dem Dill verfeinern. Bratkartoffeln, Sojasteaklis und Brokkoli mit der Soße kombinieren.

3-4 ca. 45 min

Sojagyros mit Reis und Tsatsiki

Zutaten für das Gyros:
- 2-3 Tassen Sojaschnetzel
- 1 große Zwiebel
- Pflanzenöl
- 1 TL Oregano
- 2 TL Paprikapulver (edelsüß)
- Salz, Pfeffer

Zutaten für den Reis:
- 1 mittelgroße Zwiebel
- 1 Tasse Reis (parboiled)
- 1 Tasse Wasser
- 1 Tasse Gemüsebrühe
- 2 EL Pflanzenöl
- evtl. ein Schuss Weißwein

Zutaten für das Tsatsiki:
- 400 g Sojajoghurt
- 1 kleine Salatgurke
- 1 Knoblauchzehe
- Salz, Pfeffer

Zubereitung:

1. Die Sojaschnetzel in heißem Wasser einweichen, die Zwiebel(n) in Ringe schneiden.

2. Für das Tsatsiki die Knoblauchzehe mit einer Knoblauchpresse in den Sojajoghurt pressen oder mit einem Pürierstab beides durchmischen. Die Salatgurke in kleine Stückchen schneiden und dazugeben. Mit Salz und Pfeffer abschmecken.

3. Für den Reis die Zwiebel fein würfeln und in 2 EL Pflanzenöl anbraten. Wenn die Zwiebelwürfel goldbraun sind, den trockenen Reis zugeben und kurz mit anbraten. Mit der Gemüsebrühe und dem Wasser (und eventuell einem Schuss Weißwein) ablöschen und bei geringer Hitze ca. 10-15 Minuten köcheln, bis der Reis weich und das Wasser eingekocht ist.

4. Aus den Sojaschnetzeln das Wasser auspressen und die Schnetzel in einer Schüssel mit dem Paprikapulver, Oregano und etwas Salz und Pfeffer vermischen.

5. Die Sojaschnetzel in etwas Pflanzenöl scharf anbraten und nach kurzer Zeit die Zwiebelringe hinzugeben. Fertig braten, bis die Schnetzel angebraten und die Zwiebelringe goldbraun sind.

6. Sojagyros, Reis und Tsatsiki auf einem Teller miteinander bekannt machen und schon ist's fertig.

2-3 ca. 30 min

Bratkartoffel-Rührtofu-Pfanne

Zutaten:

- 200 g Tofu
- 100 g Räuchertofu
- 5-6 festkochende Kartoffeln
- 1-2 mittelgroße Zwiebeln
- 1 Paprika
- 150 ml Sojamilch
- Margarine
- Pflanzenöl
- 2 EL frischer Schnittlauch
- 1 TL Kurkuma
- ½ TL Rosmarin
- ½ TL Paprikapulver
- Salz, Pfeffer

Zubereitung:

1. Die Kartoffeln schälen und in Scheiben schneiden, Räuchertofu und Paprika kleinschneiden, die Zwiebel(n) fein würfeln.

2. Den Tofu mit den Händen oder einer Gabel zerbröseln und mit der Sojamilch, Kurkuma und einer Prise Salz vermischen.

3. Kartoffeln, Paprika und Räuchertofu in etwas Pflanzenöl scharf anbraten und die Zwiebelwürfel dazugeben, sobald die Kartoffeln eine leichte Bräune bekommen haben. Dann auf mittlerer Hitze weiterbraten, bis die Kartoffeln weich sind. Mit jeweils einer Prise Salz und Pfeffer, dem Paprikapulver und dem Rosmarin würzen.

4. Die Rührtofu-Mischung zu den Bratkartoffeln geben, den Schnittlauch beimengen und eventuell mit Salz und Pfeffer nachwürzen (abschmecken).

5. Nochmal kurz anbraten/köcheln und schon ist's fertig!

Eine Kombination aus *Rührtofu* (siehe Seite 25) und Bratkartoffeln.

Dinkelgefüllte Paprika mit Bratkartoffeln

3-4 ca. 60 min

Zutaten für die gefüllten Paprika:

- 100 g Räuchertofu
- 3-4 Paprika
- 1-2 mittelgroße Zwiebeln
- 250 g Zartdinkel
- 3 EL Mehl
- 6 EL Hefeflocken
- 500 ml Sojamilch
- 100 ml Gemüsebrühe
- 2 EL Margarine
- 2 TL mittelscharfer Senf
- Pflanzenöl
- 2 EL frische, gehackte Petersilie
- ½ TL Paprikapulver
- Salz, Pfeffer

Zutaten für die Bratkartoffeln:

- 100 g Räuchertofu
- ca. 1 kg festkochende Kartoffeln
- 1 Zwiebel
- Pflanzenöl
- 1 TL Rosmarin
- ½ TL Paprikapulver
- Salz, Pfeffer

Zubereitung:

1. Den Zartdinkel nach Packungsanleitung kochen, Räuchertofu und Zwiebel(n) würfeln. Die Paprika halbieren und das Innenleben entfernen.

2. Für die Füllung den Räuchertofu scharf in etwas Öl anbraten und nach ein bis zwei Minuten die Zwiebelwürfel hinzugeben. Kurz danach den gekochten Dinkel mit dazu. Alles kurz anbraten, mit Salz, Pfeffer und dem Paprikapulver würzen und die gehackte Petersilie unterrühren.

3. Für die Soße in einem Topf die Margarine schmelzen und mit Senf und Mehl eine Mehlschwitze ansetzen. Mit Gemüsebrühe und Sojamilch ablöschen, die Hefeflocken einrühren und kurz aufkochen.
Hier auch wieder jeweils eine Prise Salz und Pfeffer in die Soße geben.

4. Die halbierten Paprika in eine Auflaufform legen und die Dinkelmasse in die Hälften füllen. Die Soße darübergeben und für ca. 40 Minuten bei 180° C im Ofen überbacken.

5. Für die Bratkartoffeln den Räuchertofu und die Zwiebeln kleinschneiden. Die Kartoffeln schälen und in Scheiben schneiden.

6. Die Kartoffeln und den Räuchertofu in etwas Öl scharf anbraten und nach kurzer Zeit die Zwiebelwürfel hinzugeben. Auf mittlerer Hitze so lange weiter braten, bis die Kartoffeln weich sind. Mit Paprika, dem Rosmarin und etwas Salz und Pfeffer würzen.

7. Die gefüllten Paprika mit Bratkartoffeln auf Tellern anrichten und genießen.

2-3 ca. 40 min

Semmelknödel mit Rahm-Geschnetzeltem

Zutaten für die Semmelknödel:
- 5-6 trockene Brötchen oder 500 g Semmelknödelwürfel
- 1 EL Mehl
- Paniermehl
- evtl. 1 TL Guarkernmehl (hilfreich, aber nicht notwendig)
- ca. 500 ml Sojamilch
- 1 EL Margarine
- Gemüsebrühpulver
- 1 Bund Petersilie

Zutaten für das Geschnetzelte:
- 1 Tasse Sojawürfel
- 300 g Champignons
- 1 mittelgroße Zwiebel
- 200 ml Sojasahne
- 150 ml trockener Rotwein
- 1 Pck Braune Soße (für 250 ml Wasser)
- 150 ml Wasser
- 1 EL gehackter Schnittlauch

Zubereitung:

1. Die trockenen Brötchen in ca. 2-3 cm große Stücke schneiden. Die Petersilie hacken.

2. Die Margarine in einem Topf schmelzen, Sojamilch und eine Prise Gemüsebrühpulver dazugeben.

3. Die Sojamilch-Mischung erhitzen (nicht kochen) und über die Brötchenwürfel gießen. Wenn nach 3-4 Minuten die Brötchen aufgeweicht sind, alles durchkneten und die kleingehackte Petersilie, jeweils eine Prise Salz und Pfeffer, das Mehl und eventuell Guarkernmehl hinzugeben. Das Guarkernmehl hilft bei der Bindung – es geht aber auch ohne! Dann noch mit so viel Paniermehl (ca. 3-4 EL) verkneten, dass ein fester Teig entsteht, der sich zu Knödeln formen lässt.

4. Mit angefeuchteten Händen Knödel formen und in heißes Salzwasser geben. Wichtig: Die Knödel dürfen NICHT kochen, da sie sonst zerfallen. Sobald die Knödel oben schwimmen (nach ca. 15 Minuten), sind sie fertig.

5. Für das Geschnetzelte die Sojawürfel in heißem Wasser einweichen und die Zwiebel und die Champignons kleinschneiden. Das Wasser aus den Sojawürfeln ausdrücken, sobald sie weich sind.

6. Sojawürfel und Zwiebelstücke in etwas Margarine goldbraun anbraten, die Champignons dazugeben und nochmal kurz mit anbraten. Alles mit etwas Salz und Pfeffer würzen und mit dem Rotwein ablöschen. Den Wein kurz mitköcheln lassen und dann 150 ml Wasser und das Soßenpulver hinzugeben.

7. Das Geschnetzelte nochmal kurz aufkochen, dann Sahne und Schnittlauch dazugeben und zusammen mit den Knödeln servieren.

3-4 ca. 30 min

Rote Beete-Bratkartoffeln

Zutaten:

- 100 g Räuchertofu
- 3-4 gekochte Rote Beete
- 1 kg festkochende Kartoffeln
- 1 große Zwiebel
- ½ TL Rosmarin
- ½ TL Paprikapulver
- Pflanzenöl
- Salz, Pfeffer

Zubereitung:

1. Die Kartoffeln schälen und in Scheiben schneiden, Rote Beete ebenfalls in Scheiben schneiden, die Zwiebel(n) fein würfeln und den Räuchertofu in kleine Würfel schneiden.

2. Die Kartoffelscheiben und den Räuchertofu in etwas Pflanzenöl scharf anbraten. Sobald diese leicht gebräunt sind, kommen die Rote Beete-Scheiben und die Zwiebelwürfel dazu. Auf mittlerer Hitze garen, bis alles kross und weich ist.

3. Den Rosmarin und das Paprikapulver dazugeben und mit je einer Prise Salz und Pfeffer abschmecken.

Tipp: **Sehr lecker zu gebratenen *Seitanwürstchen* (siehe Seite 17)!**

2-3 ca. 30 min

Seitanschnitzel mit Reis und Paprikasoße

Zutaten für die Seitanschnitzel:
- 300 g Seitan (siehe Seite 10)
- 2 EL Mehl
- 100 g Paniermehl
- 5 EL Wasser
- Pflanzenöl
- ½ TL Paprikapulver
- Salz, Pfeffer

Zutaten für den Reis:
- 1 Tasse Reis (parboiled)
- 1 mittelgroße Zwiebel
- 3 EL Pflanzenöl
- 1 Tasse Wasser
- 1 Tasse Gemüsebrühe

Zutaten für die Paprikasoße:
- 2 Paprika
- 500 ml passierte Tomaten
- Salz, Pfeffer, Gemüsebrühpulver

Zubereitung:

1. Den Seitan in fingerdicke Schnitzel schneiden, die Zwiebel fein würfeln und die Paprika vierteln, entkernen und in Streifen schneiden. Das Mehl mit den 5 EL Wasser und dem Paprikapulver zu einem klebrigen Brei verrühren.

2. Die Seitanschnitzel mit je einer Prise Salz und Pfeffer bestreuen, durch den klebrigen Mehlbrei ziehen und dann in Paniermehl wenden. Die panierten Schnitzel in etwas Öl von beiden Seiten anbraten. Das erste Mal wenden, wenn die Ränder des Schnitzels goldbraun werden.

3. Für die Reisbeilage die Zwiebelwürfel im Pflanzenöl scharf anbraten, den trockenen Reis hinzugeben und kurz mit anbraten. Mit Wasser und Gemüsebrühe ablöschen und auf geringer Hitze ca. 10-15 Minuten köcheln, bis der Reis weich ist und das Wasser aufgesogen hat.

4. Die Paprikastreifen scharf anbraten, mit den passierten Tomaten ablöschen und kurz köcheln lassen. Je nach gewünschter Soßenkonsistenz bei Bedarf mit Wasser strecken. Mit Salz, Pfeffer und etwas Gemüsebrühpulver abschmecken.

5. Zuletzt: Schnitzel mit Reis und der Paprikasoße anrichten.

Seitandöner

3 · ca. 20 min

Zutaten:

- ca. 400 g Seitan (siehe Seite 10)
- Fladenbrot für 3 Döner
- 1 mittelgroße Zwiebel
- 1 Knoblauchzehe
- 1 Tomate
- 1 Eisbergsalat
- evtl. etwas Rot- oder Weißkohl
- 250 g Sojajoghurt
- Pflanzenöl
- 1 EL frischer Schnittlauch
- ½ TL Paprikapulver (edelsüß)
- ½ TL Oregano
- Salz, Pfeffer

Zubereitung:

1. Den Seitan in sehr dünne, ca. 2 cm breite Streifen schneiden. Die Zwiebel in Ringe schneiden. Die Seitanstreifen in etwas Pflanzenöl scharf anbraten und nach ein paar Minuten die Zwiebelringe hinzugeben. Mit dem Paprikapulver, dem Oregano und jeweils einer Prise Salz und Pfeffer würzen.

2. Die Knoblauchzehe entweder mit einer Knoblauchpresse in den Sojajoghurt pressen oder kurz mit dem Pürierstab durchmischen. Mit je einer Prise Pfeffer und Salz sowie dem Schnittlauch abschmecken.

3. Den Salat in Streifen und die Tomate in Scheiben schneiden. Das Fladenbrot bis zur Hälfte einschneiden und kurz im Ofen bei ca. 180° C knusprig backen.

4. Döner bauen: Etwas Knoblauchsoße in das Fladenbrot streichen, den Seitan mit Zwiebeln, Salat, Tomatenscheiben, eventuell etwas Kohl und dann nochmal Knoblauchsoße in den Döner geben. Fertig.

Ravioli mit Champignon-Rahmsoße

3-4 ca. 45 min (+60 min Ruhezeit)

Zutaten für die Ravioli:
- 200 g Räuchertofu
- 300 g Hartweizengrieß
- 1-3 EL Paniermehl
- 1 mittelgroße Zwiebel
- 125 ml Wasser
- 3 EL Olivenöl
- 1 EL Margarine
- 2 EL gehackte Petersilie
- Salz, Pfeffer, Gemüsebrühpulver

Zutaten für die Soße:
- 1-2 Hände voll frische Champignons
- 100 ml trockener Rotwein
- 1 Pck Braune Soße (für 250 ml Wasser)
- 100 ml Sojasahne
- 100 ml Wasser
- 1 EL frischer, gehackter Schnittlauch
- Salz, Pfeffer

Zubereitung:

1. Zuerst muss der Nudelteig gemacht werden. Dazu den Hartweizengrieß, das Wasser und das Olivenöl mit den Händen zu einem Teig vermischen und ein paar Minuten durchkneten, bis ein schöner Klumpen Nudelteig entstanden ist. Diesen nun in Frischhaltefolie wickeln und ca. eine Stunde im Kühlschrank ruhen lassen.

2. Für die Raviolifüllung den Räuchertofu mit den Händen oder einer Gabel zerdrücken, bis nur noch Krümel vorhanden sind. Die Zwiebel fein würfeln, in der Margarine anbraten, bis sie glasig ist und dann zusammen mit der Petersilie zu dem zerkleinerten Räuchertofu geben. Nun noch so viel Paniermehl hinzufügen und durchkneten, dass ein mittelfester Teig entsteht, der leicht aneinander klebt. Mit Salz, Pfeffer und Gemüsebrühpulver würzen und abschmecken.

3. Den Nudelteig 2-3 mm dünn auf einer mit Mehl bestäubten Fläche ausrollen und in Quadrate mit einer ungefähren Kantenlänge von 10 cm schneiden. In die Mitte dieser Quadrate etwas Füllung geben und sie einmal diagonal falten, sodass die Füllung in der Mitte ist und Dreiecke entstehen. Die Ränder mit den Fingern gut zudrücken und die Ravioli in kochendes (wichtig!) Salzwasser geben. Nach 3-4 Minuten schwimmen die Ravioli oben und sind fertig.

4. Für die Soße die Champignons in Scheiben schneiden und in einer Pfanne anbraten. Mit dem Rotwein ablöschen, sobald sie eine schöne Bräune bekommen haben und den Wein kurz köcheln lassen. Das Wasser dazugeben und das Soßenpulver einrühren. Kurz aufkochen, Sahne und Schnittlauch dazugeben, mit Salz und Pfeffer würzen und fertig. Die Soße über die Ravioli geben und genießen!

Überbackenes

3-4 ca. 60 min

Gefüllte Pfannkuchen

Zutaten für die Füllung:
- 1 Tasse Sojagranulat
- 250 g Champignons
- 1 große Zwiebel
- 1 Hand voll frische Petersilie
- 2 Tassen heißes Wasser
- Salz, Pfeffer, Paprikapulver

Zutaten für die Béchamelsoße:
- 2-3 EL Mehl
- 350 ml Sojamilch
- 2 EL Margarine
- 100 ml Gemüsebrühe

Zutaten für die Pfannkuchen:
- 250 g Mehl
- 300 ml Sojamilch
- 1 Prise Salz
- 1 Msp Backpulver
- Pflanzenöl

- Hefeschmelz (siehe Seite 9)

Zubereitung:

1. Für die Pfannkuchen Mehl, Sojamilch, Salz und Backpulver zu einem Teig verrühren und in einer heißen eingeölten Pfanne in drei Pfannkuchen verwandeln.

2. Das Sojagranulat im heißen Wasser einweichen, die Zwiebeln würfeln und die Champignons in Stücke schneiden. Die Zwiebeln in etwas Öl glasig braten, das Sojagranulat (Wasser vorher ausdrücken) und die Champignons dazugeben und kurz mit anbraten. Mit Paprikapulver, Salz, Pfeffer und der kleingeschnittenen Petersilie würzen.

3. Für die Béchamelsoße die Margarine schmelzen und mit dem Mehl eine Mehlschwitze herstellen. Mit Sojamilch und Gemüsebrühe ablöschen und nochmal kurz aufkochen.

4. Hefeschmelz herstellen (siehe Seite 9).

5. Die Füllung und einen Teil der Béchamelsoße auf die drei Pfannkuchen verteilen, Pfannkuchen zuklappen und in eine Auflaufform legen. Die restliche Béchamelsoße über die Pfannkuchen geben, den Hefeschmelz über alles gießen und für ca. 30 Min bei 200° C im Ofen überbacken.

3-4 ca. 60 min

Cannelloni

Zutaten für die Cannelloni:
- 250 g Cannelloni-Nudeln
- 1 Tasse Sojagranulat
- 1 mittelgroße Zwiebel
- 2 Karotten
- 2 Tassen heißes Wasser
- 1 EL Pflanzenöl
- 1 EL Zucker
- Salz, Pfeffer, Paprikapulver

Zutaten für die Soße:
- 2-3 EL Mehl
- 2 EL Hefeflocken
- 200 ml passierte Tomaten
- 2 EL Margarine
- 500 ml Sojamilch
- Salz, Pfeffer, Oregano

Zubereitung:

1. Die Karotten in kleine Stücke und die Zwiebel in kleine Würfel schneiden. Das Sojagranulat im heißen Wasser einweichen.

2. Für die Füllung die Karotten scharf in Öl anbraten, Zucker zugeben und karamellisieren. Die Zwiebeln dazugeben und kurz mit anbraten. Das Sojagranulat ausdrücken und ebenfalls beimengen. Mit Salz, Paprikapulver und Pfeffer würzen und abschmecken.

3. Für die Soße die Margarine in einem Topf schmelzen und mit dem Mehl eine Mehlschwitze herstellen. Mit der Sojamilch ablöschen und kurz aufkochen. Die passierten Tomaten und die Hefeflocken dazugeben und mit Salz, Pfeffer und Oregano abschmecken.

4. Die Füllung in die Cannelloni stopfen und diese in einer Auflaufform auslegen. Die Soße darüber gießen und alles bei ca. 200° C für 30 Minuten im Ofen backen.

4-5 ca. 60 min

Lasagne

Zutaten:
- 1 Tasse Sojagranulat
- ca. 250 g Lasagneplatten
- 2 mittelgroße Zwiebeln
- 2-3 Karotten
- 1 Knoblauchzehe
- 500 ml passierte Tomaten
- 2 Tassen heißes Wasser
- Pflanzenöl
- Oregano, Kreuzkümmel, Basilikum, Salz, Pfeffer

Zutaten für die Béchamelsoße:
- 2 EL Mehl
- 2 EL Margarine
- 400 ml Sojamilch
- 100 ml Gemüsebrühe

- Hefeschmelz (siehe Seite 9)

Zubereitung:

1. Die Karotten und Zwiebeln kleinschneiden und das Sojagranulat im heißen Wasser einweichen. Die Knoblauchzehe in kleine Stückchen schneiden.

2. Hefeschmelz zubereiten (siehe Seite 9).

3. Die Karotten in 2 EL Öl scharf anbraten, die Zwiebeln dazugeben, sobald die Karotten leicht braun werden. Zwiebeln und Knoblauch kurz mit anbraten und mit den passierten Tomaten auffüllen. Mit Oregano, Basilikum, Kreuzkümmel, Salz und Pfeffer abschmecken.

4. Für die Béchamelsoße die Margarine in einem Topf schmelzen, das Mehl dazugeben und ein paar Sekunden mit anbraten. Mit Sojamilch und Gemüsebrühe ablöschen und evtl. mit etwas Salz und Pfeffer abschmecken.

5. Nun alles in einer Auflaufform kombinieren. Eine Schicht Bolognesesoße, dann Béchamelsoße und dann Lasagneplatten. Solange wiederholen, bis alle Zutaten verbraucht sind.

6. Den Hefeschmelz auf die Lasagne geben und bei ca. 180° C für 30-40 Minuten backen.

3-4 ca. 45 min

Kartoffel-Brokkoli-Auflauf

Zutaten:
- 1 kg festkochende Kartoffeln
- 1 Brokkoli
- 1 mittelgroße Zwiebel
- 2 EL Mehl
- 3 EL Hefeflocken
- 2 EL Margarine
- 2 TL mittelscharfer Senf
- 500 ml Sojamilch
- 250 ml Gemüsebrühe
- 2 TL getrockneter Dill
- Salz, Pfeffer, Paprikapulver, Muskat

Zubereitung:

1. Die Kartoffeln schälen, in Scheiben schneiden und ca. 5 Minuten in Salzwasser vorkochen. Die Zwiebel in kleine Würfel schneiden.

2. Den Brokkoli in Röschen schneiden und zusammen mit den vorgekochten Kartoffelscheiben in einer Auflaufform schichten.

3. Die Margarine in einem Topf schmelzen und die Zwiebelwürfel darin anbraten. Das Mehl und den Senf dazugeben und ein paar Sekunden anbraten. Mit Sojamilch und Gemüsebrühe auffüllen und die Hefeflocken einrühren. Den Dill dazugeben und mit Salz, Paprikapulver, Muskat und Pfeffer abschmecken.

4. Die Soße über Kartoffeln und Brokkoli geben und den Auflauf bei 180° C für ca. 30 Minuten im Ofen backen.

2-3 ca. 60 min

Pizza

Zutaten:
- 500 g Mehl
- 200 ml Wasser
- ½ Würfel Hefe
- 2-3 EL Olivenöl
- 200 ml passierte Tomaten
- Belag nach Wahl
- Salz, Pfeffer, Oregano
- Hefeschmelz (siehe Seite 9)

Zubereitung:

1. Mehl und eine Prise Salz in eine Schüssel geben und in der Mitte eine kleine Einbuchtung schaffen, in die etwas Wasser und die zerbröckelte Hefe gegeben werden. Die Hefe etwa 5 Minuten ruhen lassen, dann das restliche Wasser und das Öl hinzugeben und den Teig verkneten. Der Teig sollte nicht mehr an den Händen kleben nach dem Kneten, sonst etwas Mehl dazugeben.

2. Den Teig für etwa eine Stunde in der Schüssel mit einem Tuch abgedeckt gehen lassen.

3. Hefeschmelz herstellen (siehe Seite 9) und die Zutaten für den Belag kleinschneiden.

4. Danach den Teig auf einem eingefetteten oder mit Backpapier ausgelegten Blech dünn ausrollen und mit den passierten Tomaten bestreichen. Salz, Pfeffer und Oregano nach Belieben auf die Soße streuen.

5. Den Hefeschmelz auf die Pizza geben und die Zutaten darauf verteilen. Je nach Geschmack könnt ihr auch zuerst die Zutaten und dann den Hefeschmelz auf die Pizza geben.

6. Bei 220° C so lange im Ofen backen, bis die Pizza schön kross ist (ca. 20-30 Minuten).

Suppen & Eintöpfe

3-4 ca. 30 min

Brokkoli-Cremesuppe

Zutaten:
- 1 Brokkoli
- 2 Karotten
- 1 kleines Stück Sellerie (ca. 100g)
- 2 mittelgroße Zwiebeln
- 100 ml Sojasahne
- ½ Bund Petersilie
- Salz, Pfeffer, Gemüsebrühpulver
- 3-4 Champignons
- Wasser

Zubereitung:

1. Die Karotten und den Sellerie schälen und in kleine Würfel schneiden. Die Zwiebeln ebenfalls fein würfeln. Den Brokkoli in Röschen schneiden.

2. Die Sellerie-, Karotten- und Zwiebelwürfel scharf anbraten und die Brokkoliröschen zugeben, wenn die Zwiebeln glasig werden. Die gehackte Petersilie (haltet ein wenig zum Garnieren zurück) unterrühren und alles noch kurz anbraten. Mit Wasser ablöschen und auffüllen, bis alles leicht mit Wasser bedeckt ist und schwimmt.

3. Ca. 10 Minuten köcheln und dann mit einem Pürierstab bis zur gewünschten Sämigkeit pürieren. Die Sojasahne dazugeben und mit Salz, Pfeffer und eventuell Gemüsebrühpulver abschmecken.

4. Die Champignons halbieren und kurz in etwas Öl scharf anbraten. Die Suppe auf Teller füllen und mit den gebratenen Champignons und etwas gehackter Petersilie garnieren.

Antinationale Bohnensuppe

4-5 ca. 50 min (+8 Stunden Einweichzeit)

Zutaten:
- 500 g getrocknete Kidneybohnen
- 5 Kartoffeln
- 2 Karotten
- ca. 100 g Sellerie
- ½ Stange Lauch
- 650 ml passierte Tomaten
- 2 Tomaten
- 3 mittelgroße Zwiebeln
- 2-3 Paprika
- Pflanzenöl
- ½ Bund Petersilie
- Gemüsebrühpulver
- Paprikapulver
- Salz, Pfeffer

Zubereitung:

1. Zuerst müssen die Kidneybohnen eingeweicht werden. Dies geschieht am besten über Nacht, weil sie mindestens 6 Stunden in reichlich Wasser ziehen müssen.

2. Karotten, Kartoffeln, Sellerie, Tomaten und Paprika in Stücke und den Lauch und die Zwiebeln in halbe Ringe schneiden. Die Petersilie hacken.

3. Den Sellerie und die Karotten ein paar Minuten in etwas heißem Öl anbraten. Wenn diese leicht angebraten sind, kommen die Zwiebel- und Paprikastücke dazu. Wenn die Zwiebeln glasig werden, die Kartoffel- und Tomatenstücke sowie den Lauch dazugeben.

4. Die Bohnen abschütten und zusammen mit den passierten Tomaten und der Petersilie in den Topf geben. Mit so viel Wasser auffüllen, dass alles von 2-3 cm Flüssigkeit bedeckt ist.

5. Die Bohnensuppe nun noch ca. 30-40 Minuten köcheln lassen, bis die Bohnen bissfest/weich sind. Mit Salz, Pfeffer, Paprikapulver und evtl. etwas Gemüsebrühpulver würzen und abschmecken, bis es lecker ist.

4-5 ca. 60 min (+12 Stunden Einweichzeit)

Erbsensuppe

Zutaten:
- 500 g getrocknete Erbsen
- 1 Gebinde Suppengrün (Karotten, Sellerie, Lauch, Petersilie)
- 2-3 mehligkochende Kartoffeln
- 2 mittelgroße Zwiebeln
- 2-3 EL Mehl
- 1-2 EL Margarine
- 1-2 Liter Wasser
- Salz, Pfeffer, Gemüsebrühpulver
- evtl. vegane Würstchen

Zubereitung:

1. Die Erbsen (am besten über Nacht) 12 Stunden in Wasser einweichen.

2. Das Suppengrün und die Kartoffeln schälen und in Würfel schneiden. Den Sellerie und die Karotten in einem großen Topf mit etwas Öl anbraten und nach ca. 5 Minuten die Kartoffelwürfel, die Petersilie und den Lauch dazugeben. Die Erbsen abschütten und mit frischem Wasser zum Gemüse geben, mit Salz, Pfeffer und etwas Gemüsebrühpulver würzen und aufkochen lassen. Die Flüssigkeitsmenge sollte in etwa so sein, dass über dem Gemüse 3-4 cm hoch Wasser steht.

3. Die Suppe 45-60 Minuten köcheln lassen, bis die Erbsen weich sind. Zwischendurch immer wieder umrühren und aufpassen, dass es nicht zu heftig kocht.

4. Die Zwiebeln in halbe Ringe schneiden. Die Margarine in einer Pfanne schmelzen und die Zwiebeln darin anbraten. Sobald die Zwiebeln goldbraun/glasig sind, kommt das Mehl dazu.

5. Diese „Mehlzwiebeln" in die Suppe geben. Die Suppe noch kurz aufkochen, bis sie andickt und final mit Salz und Pfeffer abschmecken. Sollte die Suppe zu dick geworden sein, kann sie mit heißem Wasser gestreckt werden.

6. Jetzt bei Bedarf noch vegane Würstchen mit in den Topf geben und fertig ist die Erbsensuppe.

2-3 ca. 15 min

Buchstaben-Gemüsesuppe

Zutaten:

- 1 Hand voll trockene Brötchenwürfel
- 100 g Buchstaben-Suppennudeln
- 2 Karotten
- 100 g Sellerie
- 1 mittelgroße Zwiebel
- ½ Stange Lauch
- 1 mehligkochende Kartoffel
- 800 ml Wasser
- ½ Bund Petersilie
- Salz, Pfeffer, evtl. Gemüsebrühpulver

Zubereitung:

1. Karotten, Sellerie, Kartoffel, Lauch und Zwiebel kleinschneiden und in etwas Öl scharf anbraten. Mit dem Wasser auffüllen und kurz köcheln lassen.

2. Die gehackte Petersilie und Buchstabennudeln hinzugeben, mit Salz, Pfeffer und evtl. etwas Gemüsebrühpulver abschmecken und nochmals ca. 5 Minuten köcheln.

3. In der Zwischenzeit die Brötchenwürfel in etwas Margarine kross anbraten.

4. Die Buchstabensuppe mit den krossen Croûtons (die Brötchenwürfel) zusammen anrichten.

Tipp: Vegane-Buchstaben-Suppennudeln gibt es im gut sortierten Biomarkt.

3-4 ca. 30 min

Kürbissuppe

Zutaten:
- 1 Hokkaido-Kürbis
- 1 kl. Stück Sellerie (ca. 100 g)
- 2 Karotten
- ½ Stange Lauch
- 100 ml Sojasahne
- Wasser
- Pflanzenöl
- ½ Bund Petersilie
- 1 TL Zucker
- Salz, Pfeffer, Gemüsebrühpulver

Zubereitung:

1. Den Kürbis halbieren und das weiche Innere mit einem Löffel herausschaben und entsorgen. Dann den Kürbis in Würfel schneiden.

2. Den Sellerie und die Karotten schälen, in kleine Würfel schneiden und in etwas Öl scharf anbraten. Wenn beides leicht gebräunt ist, den Zucker darübergeben und kurz karamellisieren.

3. Die Kürbisstücke und die Petersilie hinzufügen und alles mit so viel Wasser auffüllen, dass sich etwa 2-3 cm Wasser über dem Gemüse befindet.

4. Mit Salz, Pfeffer und evtl. Gemüsebrühpulver würzen, abschmecken und etwa 20 Minuten auf kleiner Flamme köcheln, bis alles weich ist.

5. Mit einem Pürierstab die Suppe bis zur gewünschten Sämigkeit pürieren und die Sahne unterrühren (die Suppe sollte jetzt nicht mehr kochen, da die Sahne dann vermutlich ausflockt). Alternativ könnt ihr mit der Sahne auch die Suppe direkt auf dem Teller verfeinern und damit schicke Muster zaubern.

Tipp: **Mit geschältem Hokkaido wird die Suppe noch feiner (macht nur mehr Arbeit)**

3-4 ca. 30 min

Kartoffelsuppe

Zutaten:

- 1 kl. Stück Sellerie (ca. 100 g)
- 2 Karotten
- ½ Stange Lauch
- ca. 1 kg mehligkochende Kartoffeln
- 1 mittelgroße Zwiebel
- 2 EL Mehl
- 1 TL Zucker
- Wasser
- 1 EL Margarine
- Pflanzenöl
- 1 Bund Petersilie
- Salz, Pfeffer, Gemüsebrühpulver

Zubereitung:

1. Die Kartoffeln schälen und kleinschneiden. Den Lauch in Ringe schneiden und die Petersilie hacken. Den Sellerie und die Karotten kleinschneiden und in einem großen Topf in Öl anbraten. Den Zucker dazugeben und beides karamellisieren.

2. Den Lauch kurz mit anbraten und alles mit etwa 500 ml Wasser ablöschen. Die Kartoffeln und die Petersilie dazugeben und mit so viel Wasser auffüllen, dass über den Kartoffeln 2-3 cm Wasser stehen.

3. Alles etwa 20 Minuten köcheln lassen, bis die Kartoffeln weich sind.

4. Die Zwiebel fein würfeln und in der Margarine anbraten. Das Mehl einrühren und diese Mehlschwitze dann in die Suppe geben.

5. Nochmal kurz aufkochen, mit Salz, Pfeffer und Gemüsebrühpulver abschmecken und fertig ist die Suppe.

Tipp: **Wie fast alle Suppen/Eintöpfe schmeckt die Kartoffelsuppe aufgewärmt am nächsten Tag nochmal ein bisschen besser!**

2-3 ca. 30 min

Paprika-Kartoffel-Hack-Topf

Zutaten:

- 1 Tasse Sojagranulat
- 3 Paprika
- 2 mittelgroße Zwiebeln
- 6-7 mehligkochende Kartoffeln
- 2-3 Karotten
- 500 ml passierte Tomaten
- 2 Tassen heißes Wasser
- 200 ml Gemüsebrühe
- Pflanzenöl
- Salz, Pfeffer, Paprikapulver, Basilikum, Oregano

Zubereitung:

1. Das Sojagranulat so lange im heißen Wasser einweichen, bis es weich ist, dann das Wasser ausdrücken. Paprika, Zwiebeln, Karotten und Kartoffeln kleinschneiden.

2. Die Paprika- und Karottenstücke in etwas Öl scharf anbraten, die Zwiebeln dazugeben, wenn alles leicht angebräunt ist.

3. Wenn die Zwiebeln auch leicht angebraten sind, alles mit den passierten Tomaten und der Gemüsebrühe ablöschen. Nun noch die Kartoffeln und das Sojagranulat dazugeben. Eventuell noch etwas Gemüsebrühe beimischen, falls das Gemüse noch nicht schwimmt.

4. Mit Salz, Pfeffer, Paprikapulver, Basilikum und Oregano würzen und abschmecken, bis es lecker ist. Auf geringer Hitze nun noch ca. 15-20 Minuten köcheln, bis die Kartoffeln weich sind.

5. Klar zum Verzehr!

3-4 ca. 15 min

Zwiebelsuppe

Zutaten:

- 4-5 mittelgroße Zwiebeln
- 2 EL Margarine
- 1 EL Mehl
- 500 ml Gemüsebrühe
- 200 ml trockener Weißwein
- 1 Prise Kümmel
- Salz, Pfeffer
- 1 Baguette

Zubereitung:

1. Die Zwiebeln schälen, in halbe Ringe schneiden und in der Margarine anbraten.

2. Sobald die Zwiebeln leicht braun werden, das Mehl einrühren, dann mit dem Weißwein ablöschen. Kurz köcheln lassen, damit der Alkohol verfliegt, danach die Gemüsebrühe hinzufügen.

3. Den Kümmel dazugeben, mit Salz und Pfeffer abschmecken und mit Baguette servieren.

3-4 ca. 40 min

Linseneintopf

Zutaten:
- 300 g braune Linsen
- 3-4 Kartoffeln
- 1 Gebinde Suppengrün (Sellerie, Karotten, Lauch, Petersilie)
- 1-2 Liter Wasser
- 1-2 EL Zucker
- Salz, Pfeffer, Gemüsebrühpulver

Zubereitung:

1. Den Sellerie und die Karotten schälen, kleinschneiden und in einem Topf scharf anbraten. Wenn beides leicht braun ist, 1-2 EL Zucker hinzugeben und das Gemüse darin karamellisieren.

2. Den Lauch in Ringe und die Kartoffeln in Würfel schneiden, zusammen mit den Linsen und der gehackten Petersilie dazugeben und alles mit so viel Wasser auffüllen, dass etwa 2-3 cm Wasser über dem Gemüse stehen.

3. Die Suppe ca. 20-30 Minuten kochen, bis die Linsen weich sind und mit Salz, Pfeffer und evtl. etwas Gemüsebrühpulver abschmecken.

4. Wer zusätzlich noch eine Einlage möchte, kann Räuchertofuwürfel anbraten und hineingeben!

Tipp: **Dazu passen die *Dampfnudeln* (siehe Seite 70) und/oder die selbstgemachten *Seitanwürste* (siehe Seite 17).**

Kuchen & Süßes

4-5 Stück ca. 15 min

Pfannkuchen mit Schokofüllung

Zutaten:

- 300 g Mehl
- 100 g Rohrohrzucker
- 350 ml Sojamilch
- 4-5 EL geraspelte Schokolade
- 1 EL Pflanzenöl

Zubereitung:

1. Mehl, Zucker und Sojamilch zu einem Teig verrühren.

2. Das Öl in einer Pfanne heiß werden lassen, etwas Teig in die Pfanne geben und anbraten.

3. Die Pfannkuchen wenden, sobald die Ränder goldbraun werden.

4. Danach aus der Pfanne nehmen, mit Raspelschokolade bestreuen und zusammenrollen. Mjam!

Tipp: Die Schokolade ist beliebig austauschbar: z. B. durch Marmelade, Nougat, Puderzucker und vieles mehr.

Tipp: Kleine Apfelstückchen in den Teig geben!

1 Springform Ø 28 cm

ca. 60 min (+60 min Abkühlzeit)

Schokokuchen

Zutaten:
- 500 g Mehl
- 400 g Zucker
- 100 g Kakao
- 1 Pck Backpulver
- 1 Pck Vanillezucker
- 200 ml Raps- oder Sonnenblumenöl
- 600 ml Sojamilch
- 200 g Schokolade oder Kuvertüre

Zubereitung:

1. Mehl, Zucker, Kakao, Backpulver und Vanillezucker vermischen. Öl und Sojamilch miteinander verrühren. Danach beides mischen und zu einem glatten Teig verarbeiten.

2. Den Teig in eine (eingefettete) Springform geben und dann ca. 50-60 Minuten bei 180° C auf mittlerer Schiene im Ofen backen.
Wenn du mit einem dünnen Holzstäbchen oder einem Messer in den Kuchen stichst und beim Herausziehen kein Teig mehr dran kleben bleibt, dann ist der Kuchen fertig!

3. Wenn der Kuchen abgekühlt ist, die Schokolade im Wasserbad schmelzen, den abgekühlten Kuchen damit bestreichen und abkühlen lassen.

12-15 Stück

ca. 60 min (+60 min Abkühlzeit)

Erdbeermuffins

Zutaten:

- 500 g Mehl
- ½ Pck Backpulver
- 500 g frische Erdbeeren
- 400 ml Sojamilch
- 125 g Margarine
- 200 g Zucker
- 2 Pck Vanillezucker
- 100 g Schokolade

Zubereitung:

1. Mehl, Zucker, Backpulver und Vanillezucker miteinander verrühren. Die Margarine schmelzen und die Sojamilch dazugeben.

2. Die trockenen und flüssigen Zutaten miteinander verrühren. Am besten mit einem Handrührgerät mit Knethaken.

3. Die Erdbeeren waschen, vierteln und mit einem Löffel unter den Teig heben. Den Teig in die eingefetteten Vertiefungen einer Muffinform geben und für ca. 30 Minuten bei 180° C backen. Fertig sind sie, wenn man mit einem Holzstäbchen hinein sticht und beim Herausziehen kein Teig mehr daran kleben bleibt.

4. Muffins abkühlen lassen, die Schokolade im Wasserbad schmelzen und mit einem Löffel über die Muffins geben.

1 Blech

ca. 60 min (+2-3 Stunden Abkühlzeit)

Donauwelle

Zutaten für den Teig:
- 500 g Mehl
- 125 g Margarine
- 450 ml Sojamilch
- 200 g Zucker
- 1 Pck Backpulver
- Vanille-Aroma nach Geschmack
- 4 EL Kakao

Zutaten für die Buttercreme/den Belag:
- 1 Glas Kirschen
- 250 g Puderzucker
- 250 g Margarine
- 200 g Zartbitter-Kuvertüre
- 1 Pck Vanillepuddingpulver
- ca. 500 ml Sojamilch

Zubereitung:

1. Für den Teig Mehl, Zucker, Backpulver und das Vanille-Aroma verrühren. Die Margarine in einem Topf schmelzen, vom Herd nehmen und die Sojamilch einrühren. Dann die flüssigen und die trockenen Zutaten miteinander verrühren. Dies geht am besten mit Rührgerät und Knethaken.

2. Ungefähr zwei Drittel des Teiges auf einem Backblech (mit Backpapier) ausbreiten und glatt streichen. In das andere Drittel des Teiges den Kakao einrühren und auf dem hellen Teig verteilen.

3. Die Kirschen abtropfen lassen und gleichmäßig auf dem dunklen Teig verteilen. Ca. 30 Minuten bei 180° C backen.

4. Für die Buttercreme den Pudding wie auf der Packung beschrieben mit der Sojamilch kochen und abkühlen lassen. Wenn der Pudding abgekühlt ist, die Margarine und den Puderzucker mit einem Rührgerät verrühren. Beides sollte vorher Zimmertemperatur haben! In die Puderzucker-Margarine-Mischung den abgekühlten Pudding einrühren.

5. Die Buttercreme auf dem abgekühlten gebackenen Teig verstreichen und kalt stellen. Wenn die Donauwelle mit der Buttercreme abgekühlt ist, die Kuvertüre im Wasserbad schmelzen und auf der Buttercreme verstreichen. Die Schokolade fest werden lassen und fertig ist die Donauwelle!

Dampfnudeln mit Vanillesoße

Tipp: **Passen auch super zu *Linseneintopf* (siehe Seite 64).**

12 Stück | ca. 80 min

Zutaten für die Dampfnudeln:
- 500 g Mehl
- 2 Pck Trockenhefe
- 300 ml Sojamilch
- 2 EL Margarine
- 1 EL Zucker
- 2 TL Salz

Zutaten für die Vanillesoße:
- ½ Pck Vanillepuddingpulver
- 500 ml Sojamilch
- 1 EL Zucker

Ihr braucht einen großen Topf oder eine hohe Pfanne mit Deckel(!)

Zubereitung:

1. Das Mehl mit dem Zucker, der Trockenhefe und 1 TL Salz vermischen. Die Sojamilch erhitzen (nicht kochen!), 1 EL Margarine darin schmelzen, zu dem Mehl geben und alles zu einem glatten Teig verarbeiten. Wenn der Teig zu klebrig ist, einfach noch etwas Mehl hinzugeben.

2. Die Schüssel mit einem Tuch abdecken und den Teig ca. 20 Minuten an einem warmen Plätzchen aufgehen lassen.

3. Aus dem aufgegangenen Teig faustgroße Knödel formen und auf einer mit Mehl bestäubten Oberfläche ablegen. Die Knödel ca. 15 Minuten lang aufgehen lassen.

4. In den großen Topf 1 EL Margarine, 1 TL Salz und etwa 1-2 cm hoch Wasser geben und erhitzen. Nun die Dampfnudeln in das kochende Salzwasser geben. Dann den Deckel drauf und auf halbe Hitze stellen.

5. Die Dampfnudeln müssen nun ca. 20 Minuten im Topf bleiben und der Deckel darf NICHT runtergenommen werden. Auch nicht mal kurz zum Nachschauen! Denn sonst entweicht der Dampf und die Dampfnudeln fallen in sich zusammen. Sobald das Wasser verdampft ist, wird es im Topf anfangen zu knistern. Dann sind die Dampfnudeln fertig und ihr könnt den Deckel abnehmen.
In dem Topf solltet ihr nun tolle Dampfnudeln mit knuspriger Salzkruste und fluffigem Innenleben vorfinden.

6. Für die Vanillesoße die Sojamilch erhitzen und das Vanillepuddingpulver mit dem Zucker und 5 EL Sojamilch (aus dem Topf nehmen) anrühren. Sobald die Milch kocht, die angerührte Pulvermischung dazugeben und nochmals unter Rühren kurz aufkochen lassen. Vom Herd nehmen und etwas abkühlen lassen.

7. Die frischen Dampfnudeln mit der warmen Vanillesoße genießen.

1 Springform Ø 28 cm

ca. 60 min
(+60 min Abkühlzeit)

Karottenkuchen

Zutaten:
- 500 g geraspelte Karotten
- 550 g Mehl
- 1 Pck Backpulver
- 375 ml Raps- oder Sonnenblumenöl
- 200 ml Sojamilch
- 1 ½ TL Zimt
- 450 g Zucker

Zutaten für den Zuckerguss:
- 1 Zitrone
- 250 g Puderzucker

Zubereitung:

1. Die geraspelten Karotten, Zucker, Zimt, Öl und Sojamilch miteinander verrühren. Backpulver und Mehl hinzugeben und alles mit einem Handrührgerät (ein Schneebesen tut's auch) nochmals gut miteinander vermischen.

2. Die Masse in eine eingefettete Springform (26-28 cm Durchmesser) geben und bei 180° C für ca. 50 Minuten backen. Gegen Ende der Backzeit mit einem Holzstab in den Kuchen stechen. Wenn beim Herausziehen kein Teig mehr kleben bleibt, ist der Kuchen fertig.

3. Wenn der Kuchen abgekühlt ist, kommt der Zuckerguss. Hierfür die Zitrone auspressen und mit dem Puderzucker verrühren. Wenn der Zucker nicht komplett gelöst ist, einfach noch 1 oder 2 TL Wasser hinzugeben. Das variiert je nach Größe der Zitrone.

4. Den Zuckerguss mit einem Pinsel auf den Kuchen streichen, fest werden lassen und am besten bei einem Vegan Bake Sale viele Menschen damit glücklich machen.

Ein *Vegan Bake Sale* ist ein veganer Kuchenbasar, bei dem gespendete, vegane Backwaren für einen guten Zweck verkauft werden. Das ist Werbung für die vegane Lebensweise und du kannst damit wichtige Projekte unterstützen.

1 Kastenform (Länge 30 cm)

ca. 70 min
(+60 min Abkühlzeit)

Marmorkuchen

Zutaten:

- 700 g Mehl
- 1 Pck Backpulver
- 2 Pck Vanillezucker
- 80 g Kakao
- 600 ml Sojamilch
- 250 g Margarine
- 1 Prise Salz
- 200 g Zucker
- 80 ml Wasser
- 100 g Schokolade

Zubereitung:

1. Mehl, Backpulver, Vanillezucker und Salz miteinander vermischen.

2. Die Margarine mit dem Wasser und dem Zucker mithilfe eines Handrührgerätes cremig schlagen. Dann nach und nach abwechselnd die trockenen Zutaten und die Sojamilch (bis auf 2 EL) mit einrühren.

3. Etwa die Hälfte des Teiges in eine Kastenform (30 cm) geben.

4. Den Kakao und die restliche Sojamilch in den übriggebliebenen Teig einrühren, dann den dunklen auf dem hellen Teig verteilen. Mit einem Messer hineinstechen und etwas auf und ab bewegen, damit ein tolles Marmormuster entsteht.

5. Bei 180° C ca. 60 Minuten backen und im Ofen abkühlen lassen. Wenn du ein Holzstäbchen hineinsteckst und beim Herausziehen kein Teig mehr kleben bleibt, ist der Kuchen fertig.

6. Die Schokolade im Wasserbad schmelzen und auf dem abgekühlten Kuchen verteilen.

1 Torte ca. 120 min

Nougat-Sahnetorte

Zutaten:
- 1 Schokokuchen (siehe Seite 67)
- 500 ml Sojaschlagsahne
- 1 Pck Sahnesteif
- 2 EL Kakao
- 200 g Nougat
- 1 Glas Sauerkirschen
- Schokostreusel

Zubereitung:

1. Den Schokokuchen backen und abkühlen lassen. Die Sojaschlagsahne kaltstellen und die Kirschen abtropfen lassen.

2. Den Schokokuchen mit einem langen Messer waagerecht zweimal durchschneiden, sodass drei Scheiben entstehen. Die Sojaschlagsahne mit Sahnesteif und Kakao vermischen und mit einem Handrührgerät steif schlagen.

3. Das Nougat schmelzen und auf der untersten Scheibe verstreichen. Die zweite Kuchenscheibe obendrauf legen und die Kirschen darauf verteilen. Ein Drittel der Schlagsahne über den Kirschen verteilen. Die verbliebene Schokokuchenscheibe drauflegen und die restliche Sahne auf der Torte und an den Seiten verstreichen.

4. Mit Schokostreuseln bestreuen, im Kühlschrank gut durchkühlen lassen und schon ist die Torte fertig.

Tipp: **Wenn du den Kakao und das Noug weglässt und mehr Kirschen verwendest, wird aus der Nougat-Sahnetorte eine tol Kirsch-Sahne-Torte!**

12-15 Stück

ca. 40 min (+60 min Abkühlzeit)

Schoko-Nougat-Muffins

Zutaten:
- 500 g Mehl
- 200 g Zucker
- 4 EL Kakao
- 1 Pck Backpulver
- 1 Pck Vanillezucker
- 125 g Margarine
- 400 ml Sojamilch
- 125 g Nougat

Zutaten für den Überzug:
- 100 g Puderzucker und 1-2 TL Wasser
- oder 200 g Kuvertüre

Zubereitung:

1. Mehl, Backpulver, Zucker, Vanillezucker und Kakao miteinander verrühren.

2. Die Margarine schmelzen und Sojamilch dazugeben.

3. Beide Mischungen miteinander verrühren. Am besten mit einem Rührgerät mit Knethaken. Das Nougat in kleine Würfel schneiden und in den Teig einrühren.

4. Den Teig in einer eingefetteten Muffinform verteilen und bei 180° C ca. 30 Minuten backen.

5. Abkühlen lassen und entweder mit Kuvertüre oder Zuckerguss oder beidem überziehen.
Für einen Zuckerguss mehrere Esslöffel Puderzucker mit sehr wenig Wasser (1-2 TL) und eventuell Lebensmittelfarbe vermischen, bis es flüssig ist. Die Kuvertüre einfach im Wasserbad schmelzen.

12-15 Stück

ca. 60 min
(+60 min Abkühlzeit)

Vanille-Kirsch-Muffins

Zutaten:
- 1 Glas Sauerkirschen
- 500 g Mehl
- 400 ml Sojamilch
- 125 g Margarine
- 200 g Zucker
- ½ Pck Backpulver
- 2 Pck Vanillezucker
- 2 Msp Vanillepulver oder das Mark einer Vanilleschote

Zutaten für den Überzug:
- 100 g Puderzucker und 1-2 TL Wasser
- oder 200 g Kuvertüre

Zubereitung:

1. Die Margarine in einem Topf schmelzen und vom Herd nehmen. Die Sojamilch und das Vanillepulver dazugeben.

2. Die trockenen Zutaten (Mehl, Zucker, Vanillezucker, Backpulver) miteinander verrühren, dann die Sojamilch-Margarine-Mischung einrühren. Das geht mit einem Löffel, aber besser mit Rührgerät und Knethaken.

3. Die abgetropften Kirschen mit einem Löffel unterheben.

4. Nun die Teigmasse in die eingefetteten Vertiefungen einer Muffinform füllen und bei ca. 180° C für 20-30 Minuten backen. Wenn ihr mit einem Holzstäbchen in einen Muffin stecht und beim Herausziehen kein Teig mehr hängen bleibt, sind sie fertig!

5. Die abgekühlten Muffins mit Zuckerguss oder Kuvertüre überziehen (siehe Schoko-Nougat-Muffins Rezept Seite 75).

1 Springform Ø 28 cm

ca. 120 min (+120 min Abkühlzeit)

Zupfkuchen

Zutaten für den Mürbeteig:
- 400 g Mehl
- 250 g Zucker
- 250 g Margarine
- 80 g Kakao
- 5 EL Soja- oder Soja-Reis-Milch
- 1 Prise Salz
- 1 Pck Backpulver

Zutaten für die Füllung:
- 1 kg Sojajoghurt
- 250 g Margarine
- 200 g Zucker
- 2 Pck Vanillepuddingpulver
- 1 kleine Zitrone
- 1 Vanilleschote

Zubereitung:

1. Für den Mürbeteig die Margarine in kleine Stücke schneiden und mit Mehl, Zucker, Kakao, Sojamilch, Salz und Backpulver zu einem geschmeidigen Teig verkneten.

2. Eine Springform einfetten und ca. drei Viertel des Mürbeteiges hineingeben, mit den Händen den Boden platt- und den Rand hochdrücken. Das andere Viertel des Teiges in Frischhaltefolie wickeln und beides im Kühlschrank kühlen.

3. Für die Füllung die Margarine schmelzen und mit Sojajoghurt, Zucker und dem Puddingpulver vermischen. Dies geht am besten mit einem Handrührgerät. Die Vanilleschote halbieren, mit einem Messer das Mark herauskratzen und zusammen mit dem Saft der Zitrone in die Füllung rühren.

4. Wenn der Teig in der Springform ca. 30 Minuten im Kühlschrank ruhen konnte, wird nun die Füllung in die Form gegeben, der restliche Mürbeteig in kleine, flache Stücke gerissen und darüber verteilt.

5. Nun den Kuchen bei ca. 160° C für etwa eine Stunde in den Ofen stellen. Wenn die Füllung nicht mehr flüssig ist, sondern eher schwabbelig (etwa wie Wackelpudding), ist der Kuchen fertig. Nicht erschrecken, wenn sie nicht total fest ist. Die Füllung wird fester, je kälter sie wird. Deshalb erst aufschneiden, wenn der Zupfkuchen richtig gut abgekühlt ist!

Praise Seitan
Freiheit
EDGE
DVD's
Rice Milk
WHITE BAR
LEBENSMITTEL
OKOFAIRE T-SHIRTS
GREEN
IS THE
NEW
RED
An Insider's Account of a Social Movement Under Siege
WILL POTTER
TOFU MONSTER
SCHUHE
BÜCHER
HOODIES
TASCHEN
roots of compassion
not-for-profit vegan activist collective
Online bestellen oder vor Ort in Münster einkaufen.
www.rootsofcompassion.org

compassion media

Jérôme Eckmeier - **Das Rock 'n' Roll-Veganer Kochbuch**

144 Seiten | Hardcover | 1. Auflage 2012
€ 18,00 | ISBN 978-3-98-146215-9

Vegane Profi-Küche meets Rock 'n' Roll! Jérôme Eckmeier, Chefkoch des Vegetarierbundes Deutschland und Rock 'n' Roll-Fan, zaubert Gerichte aus den Geburtsjahren seiner Lieblingsmusik auf eure Teller. Partybuffet-Klassiker wie Fleisch- und Eiersalate, Toast Hawaii, Marmor- und Käsekuchen und der köstliche Mett-Igel lassen sich mit diesem Kochbuch problemlos vegan in der eigenen Küche zubereiten.
Aber auch die moderne vegane Küche kommt nicht zu kurz: Mit zahlreichen Gaumenfreuden wie rohen „Spaghetti Napoli", Kürbissuppe mit karamellisiertem Ingwer, knusprigen CornDogs und Frozen Banana Ice schlägt Jérôme Eckmeier die Brücke zurück in die Gegenwart!

Marc Pierschel et al. - **Vegan lecker lecker!**

Raffinierte Köstlichkeiten der veganen Cuisine

100 Seiten | Ringbuch | 8. Auflage 2012
€ 7,90 | ISBN 978-3-00-026420-7

Unlecker war gestern! Denn „Vegan lecker lecker!" bietet knapp 100 spannende Rezepte fernab von Tütensuppe, Mikrowellengericht und Dosenfraß. Anhand einfach beschriebener, bebilderter Rezepte lassen sich im Handumdrehen raffinierte Köstlichkeiten der veganen Cuisine zaubern. Tofu-Satay, Seitan Deluxe, Boston-Cream-Donuts, Erdnuss-Schoko-Cupcakes oder Tofu-Nuggets lassen garantiert jedem das Wasser im Mund zusammenlaufen.

Erhältlich in jeder Buchhandlung, im Online-Buchhandel oder direkt unter **www.compassionmedia.org**